Praxis
Dr. Blumenthal
Frau Dr. Busch

vielen Dank
für die vertrauens-
volle und
sorgfältige
Diagnose!

10.07.2023
Doro Gorges

Sinnlich fließende Zeilen

Lieblingsgedichte

Doro Gorges

Sinnlich fließende Zeilen

Lieblingsgedichte

Doro Gorges

Impressum

Copyright: Doro Gorges
Jahr: 2020

ISBN: 9789403604756

Lektorat: Arndt Wexler
Illustrationen: Doro Gorges
Covergestaltung: Doro Gorges und Arndt Wexler

Verlagsportal: Bookmundo
Gedruckt in Deutschland

Die Deutsche Nationalbibliothek verzeichnet diese Publikation in der Deutschen Nationalbibliografie

Das Werk, einschließlich aller seiner Teile, ist urheberrechtlich geschützt. Jede Verwertung ist ohne Zustimmung der Autorin unzulässig

* *

Über das Schreiben

* *

Wenn WORTE tiefer schreiben

Wenn WORTE tiefer schreiben,
vermögen sie an die Hand zu nehmen,
aufzufangen und mitzureißen.

Mein SCHREIBEN, besonders in Lyrik,
bringt fein kristallisierte Gefühle
zum Leuchten.
Es berührt, regt an nachzuspüren,
was die eigentlichen Werte
jedes Einzelnen sind,
egal ob sie sich gerade
in Schatten oder Licht
einer Zeiteinheit befinden.

LEBEN UND LIEBEN
sind die Quintessenz,
wofür wir ATMEN,
WEITERMACHEN,
selbst durch Trott,
Weh und Leid,
Verlust und Schmerz!
Tränen gehören geweint,
nicht unterdrückt,
fließen gelassen,
so wie das wunderbare WORT!

WORTE in BESTFORM
leben nicht nur auf dem Papier,
sondern spinnen Fäden
vom Herzen zum Kopf,
vom Kopf zur Seele
und durchwirken
seidenleicht unser Sein.

Sie schlagen ewig Funken
zu Flammen weiter
und kein Dunkel kann je
Fuß fassen in Gänze.

Da wo Liebe Fußspuren setzt
Schritt für Schritt
in Wort, Gestalt, Fühlen und Wirken...
immerdar
durch Kreislauf von Geburten,
laufen wir alle
unseren Strand entlang.

Da wo Flüsse sich vereinen
speisen auf ewig Seelenanteile
den großen Ozean,
in dem wir alle baden.
Kein Tropfen eines hellen Lichtes
verschenkt sich sinnlos,
sondern schürt die Flamme
unserer gesamten strahlenden Welt...

Manchmal ist Schreiben…

Manchmal ist Schreiben…
ein Flüstern,
manchmal ein Schreien,
manchmal ein Streicheln,
manchmal ein Schlagen und Rütteln,
manchmal ein Erzählen,
mal zu Dir,
mal alleine für sich,
manchmal zum Mithören...

Ich möchte gern immer häufiger zärtliche Dinge schreiben,
zu Worten fassen, die beinahe erfahrbar, ja erfühlbar sind.
Wenn Worte eine beinahe fassbare,
besser noch,
fühlbare Substanz erhalten,
ist ein Text wirklich gelungen.

Doch was steht hinter diesen geschriebenen Worten? –
Oft Liebe, oft Traurigkeit, oft Schmerz, oft sogar Wut…
Ich kann versuchen, sie Revue passieren zu lassen,
ja - mitzuteilen…

Doch manchmal möchte ich sie einfach
nur schreien und loslassen,
nie mehr wieder hervorholen müssen.
Ich möchte sie verstanden wissen –
und abgegeben,
sie in Frieden ruhen lassen.
Fliegen und Entschweben lassen –
und neue Gefühle sammeln,
ohne diese Lasten an Erfahrung,
die mich zwar zu dem machen, was ich bin,
aber mich auch so sehr beschweren…

Gegengewichte – Gegenpole

Manches Schönste
braucht ein Gegengewicht,
wie das Licht umso erkennbarer
durch tiefes Dunkel wird.
Flirrend leicht glänzt
das kleinste Staubkorn auf wie ein Stern,
trifft es ein Lichtstrahl durchs Dunkel.

Manche Liebe
braucht ein Gegengewicht,
den Fels in der Brandung,
wenn man selbst zu überschäumend ist.
Das ungezügelte Meer
braucht sein Ufer,
um seine Brandung Ruhe findend
einströmen zu lassen.

Manch Überschwang
braucht eine Notbremse,
damit kein Unglück geschieht
und das Leise und Langsame
entschleunigt zu genießen ist.
Miteinander schweigen zu können,
ist schönstes Ankommen,
gerade nach Übermut.

Manches Temperament
braucht ein erlösendes Ausatmen,
um neu, kraftvoll Atem zu holen
in Armen, die so stark sind,
den Wind zu fangen.
Ist das Gegenüber gewillt, den Sturm zu halten,
kannst Du der leise Wind sein,
der es küsst und streichelt.

Manche Werte
brauchen eine Waagschale,
die in Briefmarkengewicht wiegt,
dabei im Kleinsten umfasst,
wie wenig Werte zu wiegen brauchen.
Eine Waage kann leicht Schweres auswiegen,
aber das schwere Leichte
ist behutsam zu ermessen.

Manches Lied
braucht Dur und Moll,
um abwechslungsreich zu klingen
und zum intensiven Tanzen einzuladen
mit Tränen in den Augen
und Freude jauchzendem Herzen.

Manch guter Text
kann beides zugleich bewirken:
Das Herz befreien vom Schmutz mancher Trauer
durch Tränen und Lachen,
lässt Momente wieder auferstehen
und frei.

****

Wunder und Achtsamkeiten

****

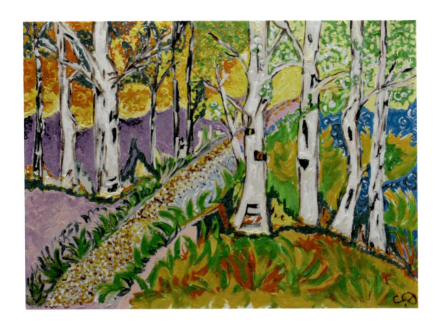

Manchmal möchte ich mich in karger Echtheit sonnen

Wenn Kargheit mir Echtheit schenkt,
sich offen hin zu mir wendet,
wenn sich Manches dahin lenkt,
dass Klarheit nicht mehr blendet.

Dann möchte ich mich darin sonnen!
In so wenig alles mir finden
an tief gespürten Wonnen,
die Glück mir nur verkünden.

Da, wo ich mir Heimat erbaue,
möchte ich ankommen bei mir!
Ankommen, wo ich mir selbst vertraue,
im schönsten Lebens-Gespür.

Eine Richtigkeit zu Zeiten,
die mich glücklich schwelgen lässt;
in Händen liegen nur Kleinigkeiten,
aber reich bin ich zum Abschiedsfest.

Ich habe noch bunte Träume

Ich habe noch bunte Träume
Einen ganzen losen Strauß davon
Gepflückt in sorglosen Kindheitstagen
Voll hellem Licht
Und unbeschwertem Lachen
Das irgendwann zu oft verging
Als der Grat zwischen Lachen und Weinen
Schmaler wurde

Oft nur noch für seltene Momente erkennbar
Durch Wolkenlücken kurz blinzelte
Und doch im Herzen fühlbar blieb
Im Weitergehen durch Zeiten
Weiter gesammelt und aufgespart
Wildwachsende Blüten
Auf staubigen Wegen
In schmalen Gassen
Zwischen Häuserfluchten
In Momenten von Licht
Im ewigen Wechsel zu Schatten
Und oft in verzweifeltem Hasten
Noch zusammengehalten

Meinen Träume-Strauß
An mich gepresst
Doch nicht zu eng
Nicht zu fest
Dass jede einzelne Blüte
Unbeschädigt bliebe
Trotz meines wilden Temperaments
Meines ungeschliffenen Wesens
Meiner heißen Sehnsucht

Und oft meines wilden Zorns
Keine Heimat zu finden
immer noch nicht
In keinem Herzen
An keinem Ort
Zu keinem Frieden…

Mein inneres Kind wartet…

Ein bunter Faden Zärtlichkeit

Ein bunter Faden Zärtlichkeit
webt sich durch mein Leben.
Webt sich hinfort durch alle Zeit –
und reißt nie ab in seinem Bestreben,
mich zu führen und zu lenken,
manchmal auch mich mitzuziehen.

Ein buntes Träumen und Denken,
manchmal Stumpfsinn zu entfliehen –
und ein tiefes Gefühl im Herzen,
von Liebe und von Dankbarkeit,
lässt mich Kummer stets verschmerzen –
hält für Lebensfreude mich bereit.

Einen bunten Faden Zärtlichkeit,
der unbeirrt mir inne wohnt,
den halte ich mir liebend weit,
wie ein Geschenk, das auszupacken lohnt,
manches auch einzubinden und zu fassen,
zu verweben, aber licht und leicht.
Alles in Erinnerung schwelgen zu lassen,
nicht zu fest und nicht zu seicht…

Unbemessen Zeit vergessen

Wie Sand verrinnt die Zeit,
manchmal ist sie Wüstensturm.
Ein Enden entfernt oder weit,
doch bin ich der Turm,
der den Stundenschlag verschenkt,
im Verhallen noch vibriert,
nicht an den Nächsten schon denkt,
da alles ineinander schwingt, passiert.

Turm, dessen Glocke verkündet
oder auch Kerze bin ich im Wind,
die willig noch weiter zündet.
So bin ich das spielende Kind,
dem der Sand genau richtig rinnt
zwischen Fingern, wollen nicht fassen.
Im Spiel des Lebens gewinnt
der, der nichts hält, kann lassen…

Sonnenauf und -untergang

Hörst Du auf, an die Sonne zu glauben,
wenn dunkle Nächte sie Dir rauben?
Vergisst Du die friedliche Nacht,
wenn die Sonne ihr Licht entfacht?
Vergisst Du schönste Augenblicke
wegen schlimmer Zeitgeschicke?

Ist Dein Sein wolkig und nebelverhangen,
musst Du nicht um das Morgen bangen!

Es wird mit einem Mal
jede noch erlebte Qual
ersetzt durch neue Freuden!
Alles ist endend, auch das Leiden
hat seine Zeit und seinen Wert,
mal schwer –
und dann wieder sinnlich,
unbeschwert...

Mit dem Leben im Fluss

So, wie Du den Wind nicht fangen kannst,
kannst Du dennoch mit ihm fliegen.
So, wie Du die Sonne nicht speichern kannst,
kannst Du sie im Augenblick auf Deiner Haut genießen.
So, wie Du keine Sterne fangen kannst,
kannst Du sie beim Funkeln betrachten.
So, wie Du schönste Augenblicke nicht halten kannst,
kannst Du sie erkennen und leben im Moment.
So, wie Du Liebe nicht fesseln kannst,
kannst Du sie frei lassen, aber Wert schätzen in sinnlichem Sein.
So, wie Du Dich lieben kannst,
kannst Du auch Liebe annehmen.
So, wie Du Dich zeigst und gibst,
kommt es zurück zu Dir.
So, wie Du Dich im Kreislauf des Lebens einschwingst,
schwingt das Leben mit Dir in Einklang…

Wirklich

Wirklich von Herzen reich sind all Jene,
die mehr an bunten Illusionen besitzen,
als zu zerstören wären
von dumpfem Alltag und trostloser Realität.

Wirklich stark sind all jene Menschenwesen,
die einfach unbeirrt bleiben,
dass sich ohne blindes Umkämpfen
alles genau richtig erfüllt.

Wirklich reich an Seele sind all Jene,
die mehr von stillen Träumen umgeben sind,
als von kleinlichen Besitzansprüchen
auf nur Geliehenes von dieser Welt.

Wir kommen mit leeren Händen auf die Welt,
aber voller lichter Träume.
Wir gehen von dieser Welt
wieder mit leeren Händen.

Unsere heile Seele ist alles, was wir haben
und wir besitzen nur unser mutiges Herz,
unser ureigenes Wesen,
wenn wir irgendwann die Welt zu neuen Taten verlassen.

Dualität

Licht und Schatten
nehmen sich bei der Hand.
Sind sich auf ewig bekannt.
Sind miteinander verwoben,
kannst nicht das Eine ohne den Anderen loben.

Schatten und Licht,
etwas das sich nie widerspricht!
Beides gehört zu einem Blick
von gespiegeltem Geschick!

Siehst Du die Schatten nicht,
blendet das Licht!
Schaust Du den Schatten bloß,
ist traurig Dein Los.

Gemeinsam ergibt sich das Bild,
teils rau und teils mild,
zu einem Bild voller Wohlgestalt
in ureigenem Selbsterhalt.

Licht und Liebe dieser Welt

Licht und Liebe für die Welt,
auf dass sie mehr Wertschätzung erhält!
Wer noch zu wenig verschenkt und vergibt,
muss lernen, wie man bedingungslos liebt.

Licht und Liebe unserer Welt,
die für uns alle gleichermaßen zählt
und ihren Wert einzig darin findet,
was jeder Einzelne mit ihr verbindet.

Licht und Liebe der einzigen Welt,
die fortwährend zusammenhält,
wo wir so oft zerstörend schaffen,
um statt zu geben mehr zu raffen.

Licht und Liebe einer Welt,
die auf Buntheit wieder hält,
anstatt auf starre Strukturen.
Endlich wieder Herzensspuren!

Licht und Liebe einer Welt,
die so reich und warm erhellt
und zurückstrahlt jedes kleinste Licht,
dass es sich unzählig spiegelt und bricht…

Jeder einzelne Tropfen speist den Ozean

Ein Tropfen macht keinen Ozean,
aber einen Tropfen dazu getan,
macht einen Tropfen mehr zur Fülle.
Ein Ton erhellt die Stille,
ist Anfang zu Klang
die gesamte Tonleiter entlang.
Ein erster Kuss macht keine Liebe,
gehört aber zum Triebe
zueinander führend hin,
erfüllt dann Nähe mit bleibendem Sinn.

Ein Wort kann Instrument oder Waffe sein.
Ausdruck erhebt etwas zu Groß oder Klein.
Ein Wort kann Schlüssel sein
zu einem verschlossenen Herzen allein.
Wenig ist oft so viel,
ein Spiel ohne Kalkül,
wenn es ehrlich kommt und spontan.
Oft hat Weniger besser getan.
Darum nenne nichts einfach klein und nichtig!
Oft wirkt Unerkanntes besonders tüchtig!

Was ist wahrlich groß? Was klein?
Auch Kleinstes mag Erschaffer sein.
Sei auch Du Dir stets gewiss,
es gibt kein Hindernis,
ganz klein auch Großes zu erreichen!
Kleinste Teilchen stellen oft die Weichen!
Weichen, die den „Zufall" legen,
alles beleben und bewegen,
um am Ende einfach glücklich zu sein –
und nichts war unwesentlich und klein!

Eisige Zeiten

Sie reisen durch manches Land,
viel Grausamkeit zur Hand –
und im Gepäck Herzen aus Eis,
so ziehen sie stetig und leis,
doch in fassender Breite,
Bruder Dunkel zur Seite.

Doch ich glaube an das Licht –
Liebe, die aus so Vielem spricht –
und an ihre Facetten.
Sie werden eines Tages erretten,
was so gefangen und eingenommen war!

Liebe ist immer heller und wunderbar,
gegen alles an Hart und Kalt!
Rohe, sinnlose Gewalt
wird einmal endlich untergehen,
in einem sonnig-warmen Geschehen...

Manche Träume überwinden Grenzen

Wenn ein Kopfmensch
und ein Träumer sich begegnen,
wird wahrscheinlich der Kopfmensch
zuerst mit augenscheinlichen Argumenten
und Logik Zutrauen gewinnen.
Doch er wird mit seinem Herzen nie verstehen,
dass er im Grunde nicht der absolute Gewinner ist…

Zum Glücklichsein
gehört nicht allein abwägende Vernunft
und fein kalkulierte Logik.
Manchmal muss man gerade
richtig verrückt sein und verwegen abenteuerlich
in seinem spontanen Handeln,
um zu erfassen, was Leben wirklich ausmacht,
ja, fühlbar bedeutet…

Manchmal ist höchste Form von Wissen
allein der Glaube an die eigenen Träume.
Der Weg, der lediglich kopfgesteuert ist, wird Grenzen aufzeigen,
die eine losgelöste Seele schwereleicht lächelnd überfliegt…

Leben ist kein Zuckerschlecken

Leben ist kein Zuckerschlecken,
oft gelingt nichts zum Verrecken.
Manchmal verdient das Leben
wildes Zornesbeben,
eine herausgestreckte Zunge,
auch einen Wutschrei aus ganzer Lunge,
manchmal ein Schnauben und ein Toben,
um es dann, wieder abgekühlt, zu loben
und mit Bedacht neu wertzuschätzen.

Manchmal muss man beherzt Messer wetzen,
um sie still wieder einzupacken.
Man lässt ganz langsam wieder sacken,
um tief durchzuatmen und Frieden zu machen.
Und neu darf das Glück dann wieder lachen!

Leben ist kein Zuckerschlecken,
doch auch ein Träume Wecken,
neu und Mal um Mal!
Es birgt nicht nur Qual,
sondern verstärkt alles Wunderbare!
Alles Helle, alles Klare,
bleibt stets zuletzt vorhanden!
Wünsche, die sich wanden,
finden ihre Fassung,
beherzte Zulassung
im Wandeln und Werden
und alle Beschwerden
haben auch ihren Sinn
zu Leichtigkeit wieder hin…

Wie zünde ich ein Licht?

Wie zünde ich ein Liebeslicht
in ach so kalter Welt?
Wie halte ich es am Brennen,
wenn der Sturm es nicht so will?
Wie schenk ich Vertrauen,
wo ich selbst noch Zweifel hab?
Wie lebe ich meinen Mut,
wenn ich müder werde
mit jedem neuen Tag?

Wie neue Hoffnung finden,
wenn sie erneut zusammenbricht?
Wie oft halte ich noch Scherben,
die nicht mehr ineinanderpassen?
Wie oft baue ich noch an Brücken,
deren Halt stets erschüttert wird?

Wie zünde ich mein Licht
neu und stärker zu Zeiten,
wo ich mich am Boden fühle,
zu schwach für eine Welt,
deren harte und starre Gesetze
mir unbegreiflich sind?

Wie erhalte ich mir ein sanftes Wesen,
ein Lächeln für die Liebe,
wenn es so oft ungesehen verhallt
und stets nur alles Harte zu gewinnen scheint?

Wie zünde ich ein Liebeslicht
für eine angeschlagene, blicklose Welt,
deren Macher Dunkelheit streuen,
mit Lärm betäuben –
und mit irren Versprechungen locken?

Ich zünde ein Licht
gerade für diese, meine ach so wertvolle Welt,
denn sie verdient ein jedes noch so kleine Licht!
Und zünde ich es, folgen weitere kleine Lichter,
die eine dumpfe, grausame Welt neu erhellen
zu unser aller Wertschätzung und Liebe!

Ich zünde ein Licht…

An Mutter Erde

So sehr wirst Du geliebt,
so sehr wirst Du missachtet!
Denn sie begehren Dich zu sehr
auf habgierig entreißende Art!

Sie wollen alles von Dir,
ohne etwas zurück zu schenken!
Sie haben Deine Worte vergessen,
ja verstehen sie kaum mehr!

Deine Sprache ihnen zu missverständlich,
suchen sie Antworten in
Logik, Technik, der Wissenschaft,
die vorbei zielt an den wahren Werten.

Alle schon längst gefunden Antworten
wurden begraben und vergessen.
Sie fressen Dein Fleisch,
vergessen Deinen Sinn der Liebe.

Sie wollen Dir ihren Willen aufpressen,
einritzen unter die Rinde Deiner Geschöpfe,
um sie zu ihrem Eigentum zu machen!

Denn sooft sie Dich weiter drücken und knechten,
so sehr ist doch Dein untrüglicher Wille
um Ausgleich und Erhalt Deiner Gestalt.

Sanftmütig meist Dein Wesen und Wirken,
kreisrund und ineinander fassend,
Deine Kraft so wundersam ausgeprägt!

Je sorgloser sie Dich schlecht behandeln,
Dir Teile entreißen Deiner so wunderbaren Ganzheit,
um so fester beißt Du um Dich!

Du wirst zu dem Tier,
zu der Bestie,
zu der sie Dich werden lassen!

Es ist längst Sonnenuntergang,
wo Sonnenaufgang stets neu gepredigt wird!
Und ich ergreife meine Worte um Dich.

Versuche mit reduzierter Sprache
Dein unvorstellbares, so wundervolles Sein
zu schützen, zu ehren und aufmerksam zu machen,
was Du mir – uns allen bist!

Mutter Erde,
Du schenkst uns immer noch Schönheit
unter widrigsten Umständen,
obwohl wir es Dir so schwer machen!

Eine hübschere Seele zum Alter hin

Ich möchte zum Ende hin
eine Seele mit gelebtem Sinn
und eine, die mir Freude macht,
eine Seele, die auch nach außen lacht,
mild, liebend und weise
zum Ende ihrer Lebensreise.

Ich möchte in den Spiegel blicken
und in eigenem Verzücken
neben Falten und Runzeln dann
einen Wert erblicken, der sich sehen lassen kann.
Ein Gesicht, das gelebt und gelitten,
viele Male gekämpft und gestritten,
endlich milde geworden nun, gefällt.

Eine Seele, die etwas hinterlässt und erhellt.
Ich kann endlich leise im Schatten stehen
und dennoch freudig das Licht erkennend sehen,
was zurückbleibt, wenn ich dann gehe
und in Glückseligkeit verwehe.

Dorthin, wo das Herz jeder Seele schlägt,
wenn sie befreit ihr altes Gewand ablegt…

Manchmal möchte ich noch einmal

Manchmal möchte ich noch einmal
ein unbeschriebenes Blatt sein,
ohne Eselsohren und Knicke,
die die Zeit und unvorsichtige Behandlung
mir verpasst haben.

Aber das Wichtigste wäre,
ich könnte noch einmal von vorne beginnen,
mein Leben zu schreiben!
Ich würde diesmal mehr Sorgfalt walten lassen.
Ich würde besser überlegen,
wohin mich meine Geschichte führen soll.

Ich würde versuchen, diesmal Fehler zu vermeiden.
Ich würde meine Worte noch sorgfältiger wählen
und in meiner schönsten Schrift
ein perfektes Leben schreiben.

Würde mir das gelingen?
Wo würde ich Dinge verändern und verbessern wollen?
Wo würde ich einen Radiergummi ansetzen wollen?

Leben ist Zeichnen ohne Radiergummi und ohne falsche Scheu.
Leben schreibt sich, während es nach bestem Wissen und Wollen
gelebt wird!

So nehme ich mein altes Buch wieder auf und streiche liebevoll
die verblichenen Seiten glatt,
fange an zurück zu lesen und lache und weine
über Vergangenes...

Nichts wollte ich ungeschehen oder anders machen!
Dies war mein Leben!!!
Ich werde daran nur weiterschreiben!
Ich werde mein Bestes geben, aber mit allem Unsinn meines
immer noch unzerknitterten Herzens!

Es werden garantiert noch manche Tintenkleckse passieren,
es werden noch manche Knicke und Versehen
dem Buch sein eigenes Gesicht weiter prägen…
Aber ich werde es in Ehren halten
und meine ganze Liebe geben,
es zu gestalten mit Charakter und im Augenblicksgeschehen.
Mein fertiges Buch, meine Geschichte,
eine ohne Wenn und Aber,
denn ich habe es immer mit Herzblut geschrieben,
in meiner ureigenen Art und Weise
Dinge anzugehen, selten sein zu lassen –
und immer auf Risiko.

Verstanden vielleicht zu werden zum Ende hin
ist mir weitaus weniger wichtig,
als vielleicht belächelt zu werden
oder bestaunt,
weil ich so anders war und doch so ganz ich selbst!

Fußspuren meines Lebens
werden verwischen,
wie jede Zeile in meinem Lebensbuch,
doch wenn am Ende ein inspirierender Gedanke nur bleibt,
war alles genau so gut und richtig!

Fäden

Manche Momente
überdauern Zeit und Raum,
ja Ewigkeiten,
verlieren sich nicht,
selbst wenn sie dem Auge entschwunden,
dem Herzen entrissen,
dem Fühlen verloren sind.

In dem Moment,
wo ich mich mehr und mehr
selbst beginne zu lieben
und anzunehmen
jenseits von gewünschter Perfektion
und angeblich einzig richtigen Mustern,
weiß ich plötzlich,
dass jede wahrhaftig verschenkte Liebe,
jedes von Herzen tief Erwünschte,
zu keinem Moment je vergebens
und verloren war,
egal, ob doch ein augenscheinliches Scheitern folgte.

Heute bin ich stolz
und trage meinen Kopf hoch,
blicke gerade heraus und tiefer
in manches Verstehen hinein,
was nur das Herz begreifen kann.

Ich fühle das wunderbare Muster,
das sich aus meinem Lebensfaden webt,
mich mehr und mehr darin erkennend
und schön in seiner Struktur!

Manches Mal lösten sich Fäden,
die sich nicht weiter einzubinden vermochten.
Dies war gut und richtig so,
denn das fertige Gewebe
wird zum Ende hin
alle Farben und Schattierungen,
Muster und Feinheiten
aufzeigen,
die mir dann gerecht sein werden!

Willst Du Sterne fangen

Willst Du Sterne fangen,
musst Du Dir Welten erobern
jenseits zwischen den Träumen
und den Wundern.

Bau Dir eine Brücke aus Sehnsucht
und lasse Dich durch Hoffnung tragen.
Nimm Deine Wünsche als Kompass –
und Du reitest auf dem Wind zu den Sternen***

Seifenblasenglück

Schillernd, schön und zart,
bislang vorsichtig verwahrt,
kommst Du mir dahergeflogen.
Durchscheinend und nicht verlogen,
schwebst Du offen auf mich zu –
und ich, ich schau in zweifelnder Ruh,
ob Du zerplatzt oder kommst Du an?
Ein Glück, dem ich kaum trauen kann.
Ich glaube Dir zwar,
so durchscheinend klar
bis zum spiegelnden Grund,
weiß aber um Deinen leichten Schwund.

Dein Zauber, so zerbrechlich,
Glück so leicht und schwächlich,
schaue ich Dir lieber nach.
Sonnenlicht bricht sich aufleuchtend schwach –
und fort bist Du – verweht,
dahin, wo mancher Traum vergeht.

Doch ich lass Dich neu beleben,
mit einem Pusten wieder schweben
und erwecke mir so neue Träume.
Seifenblasen bekommen Räume
und finden ihren schwebenden Tanz
zum untergehenden Sonnenglanz –
und Morgen gerne wieder neu,
bis ich den Wandel nicht mehr scheu…

Der Rose Dornen

Der Rose Dornen schmälern nicht ihren Reiz,
sondern erhöhen gar ihren Wert durch dieses Merkmal
weitab von Glätte
und versinnbildlichen damit
die Lust am puren Widerspruch.

Liebst Du die Rosen

Liebst Du die Rosen,
nimmst Du ihre Dornen mit dazu.

Willst Du Abenteuer wagen,
gehst Du die Risiken ein.

Willst Du Dein Leben leben,
musst Du die Schattenseiten sehen
um ihnen auszuweichen
und ins Licht zu blicken.

Das Leben ist nicht nur auf Blütenblättern gebettet,
sondern hat auch seine Dornen und Risiken.

Aber ohne das alles wäre das Leben
ein trostloser Ort,
ohne jede Herausforderung.

Rosenblüten – Melancholie

Rosenblütenzauber,
Du wehst so schnell dahin,
oft gibt es gefühlt so wenig Sinn,
wie schnell alles verhuscht, verweht,
was Freude in die Herzen sät.

Rosenblütenzauber,
Du strahlst und funkelst in Pracht,
die Lebensbejahung so sinnlich macht.
Und im Übergang von Pracht zu Vollendung
bleibt alles fließend und jung.

Rosenblütenzauber,
wie Deine Blätter vergehen und fallen,
geht mit uns allen
auch ein Stück weit vorbei und hinfort.
Melancholie heißt dieser Sinnesort.

Melancholie, leise Philosophie,
ein Schmerz in Lust der Stille,
Rückzug des eigenen Seins als Wille,
Gefühlt Einsamkeit, aber ganz bei sich zu sein,
lädt nach Innen ein.

So kehrt mit Abschied immer auch Schwere ein.
Es ist aber wichtige Schwere.
Sie erfüllt alles Leichte und Leere
mit einem tieferen Erfassen.
Einen Sommer einfach fließen zu lassen…

Die letzte Rose

Auch die letzte Rose wird vergehen.
Auch die letzte Rose wird verblühen
und frieren im Eiseshauch.
Doch jede Erinnerung an sie,
den Duft, den sie versprühte
und lockend uns aussandte,
wird nicht vergessen werden.

Erinnerungssterne vergehen nicht.
Niemals verlieren sie sich ganz.
Sie bleiben, abgespeichert
und warm sich anfühlend, geborgen,
egal, was äußere Kälte auch mit sich bringt.

Die gefrostete Rose zeigt mir, was Lebenshunger heißt.
Ich laufe aus dem warm geheizten Zimmer
für wenige Minuten in den vom Reif
verzauberten Garten und schaue.

Wie veredelt liegt er da und wie nun schlafend im Traum.
Glitzernd liegt ein Ahornblatt auf Grün und Diamanten.
Nichts vergeht je ganz, was so gewürdigt,
nichts als träumen darf.

Herzen in der Nacht

Herzen
erkennen oft nur in der Stille der Nacht
ihre wahren Sehnsüchte und Geheimnisse,
atmen im Dunkel der Nacht tiefer
Gerüche vergangener Erinnerungen,
lauschen inniger den Klängen
immer noch unausgesprochener Worte
und berühren die eigene Seele erfassender,
als zu Tageszeiten im Lebensgeschehen.

Herzen
ersinnen Pläne und Schwüre,
sprechen sie leise zu sich,
nur ins Dunkel der Nächte gehaucht.
Sie hoffen auf ein Licht, einen Laut,
ein stilles Erahnen,
um sich endlich erhört zu fühlen.
Sie beten um einen erkennbaren Gott,
dass er sich doch endlich erfahren ließe.

Herzen
pulsieren und beben im Traum,
lieben leichter und finden
Ankommen zu echter Gestalt
im Wehen durch alle Phantasie.
Doch vermögen sie zu fangen
von allem im Traum,
mitzunehmen in Alltag und durch Sorge!
Erkennen nicht nur in Stille der Nacht,
sondern mit weiten Flügeln im Leben…

Zerbrich niemals Herzen

Dinge zerbrechen
so leicht in klirrendem Ton.
Doch könnten Herzen sprechen,
sie erzählten davon,
wie oft sie schier barsten, zersprangen,
mit Wunden und Narben
mühevoll wieder Fassung erlangten.
Doch oft trauern und darben
Herzen ein Leben lang.
Darum wähle Wege der Zartheit entlang!

Wenn Träume leise vergehen,
zu Grabe getragen sind,
dann soll kein Herz, vor Trauer blind,
sinnlos gleich mit verwehen,
mit ins Grab wohl steigen!

Es mag hoffnungsfroh weiter schlagen,
sich zum Licht hinneigen,
ohne selbst sich zu entsagen.
Und mit jedem kleinen Tod erwacht,
so hoffe ich unendlich weiter,
was dem Herzen Freude macht,
wieder hoch die Lebensleiter...

Ich sah ein Wunder

Ich sah ein Wunder – und berührte es nicht.
Ich schenkte ihm Glauben, erkannte sein Licht
und musste es nicht mit Händen fassen,
um es staunend gelten zu lassen.

Ich hob das Wunder im Herzen auf.
Und im weiteren Lebensverlauf
brauche ich keine Wunder mehr zu sehen
und fühle doch ihr lebendiges Geschehen.

Der Klang der Wunder ist leise,
auf zart, behutsam wirkende Weise
und dennoch schwingt er in Allem mit,
bei jedem freudigen Lebensschritt.

Und Engelsflügel, sie streifen mich
mit ihrer Liebe sicherlich –
und ich, ich danke beglückt,
bin gerne verlacht und verrückt!

Wenn Wunder mir zu eigen sind,
bin ich ein traumbeglücktes Kind –
und scheue das harte Leben nicht,
weil Alles zu mir wunderbar spricht…

Seidenspinnerei

Glück ist
so fadenscheinig
wie Seidenspinnerei
und kann dabei so stark und verbindend sein
wie Taue.
Alles besteht aus dem,
was wir daraus werden lassen.

Wenn Glück Rettungsanker sein soll,
hält das stärkste Tau nichts.
Sobald das Glück in sich das Erkannte ist,
wird aus Seidenspinnerei
glücksglitzerndes Geflecht –
in sich selbst greifend und
fassend...
Das ist dann TRAGEND!

Wie Blätter im Wind

Wie Blätter vom Wind getragen,
manchmal auch durchweht,
ist das Leben zu wagen,
es ist sehr selten nur stet.

Leben wäre nicht lebendig,
wo keine Böen sind.
Darum bleibe im Strudeln wendig,
wie ein Blatt im Wind!

Auf und nieder trägt uns das Leben,
drückt uns manchmal auch hart.
Leben ein Erheben
und eines, was auch an Fall nicht spart.

Würden wir immer nur fliegen,
hoch zu den Wolken treiben,
würde unser Hochmut obsiegen
und wir immer unbelehrt bleiben.

Ballerina

Straff gespannt, einer Feder gleich,
springt sie in ihr Himmelreich.
Still wartend lädt sie die Bühne ein,
leichtfüßig springt sie gekonnt hinein
und eröffnet dann ihren Tanz
im harten Scheinwerferglanz.

Spitze tänzelnd, zäh und verbissen,
hat sie von Kindheit an kämpfen müssen
für augenscheinliche Leichtigkeit.
So tanzt sie schwebend bereit,
lächelt tapfer und fightet,
während im Sprung der Spagat sich weitet.

Tanzt zum Applaus als Lohn,
oft unter Schmerzen zum Hohn,
wie eine straff gespannte Seite, die klingt.
Beharrlich gut, wie sie springt,
bis der Tanz dann einmal endet,
manch Einer geräuschvoll Beifall spendet.

Vom Haar gelöst eine Strähne offen.
Alle Mühsal, alles Hoffen,
fällt von zarten Schultern so weiß.
Am Rücken perlt ihr der Schweiß,
doch sie beugt ihr graziles Haupt.
Nun ist es endlich erlaubt,
still zusammen zu sinken,
den Jubel herzbebend zu trinken.

Eine Träne quillt unterm Lid, ungesehen.
Tosender Beifall im Geschehen,
löscht langsam die wahnwitzige Flamme aus.
Von Müdigkeit trunken schwankt sie nach Haus.

Das Ziel einmal mehr erreicht,
wo der Heimweg einem Ermatten gleicht,
schwebt sie nicht, sondern schleicht.

Der Himmel wieder verschlossen,
gibt es neue Tänze unverdrossen,
die es noch zu meistern gilt
auf der Bühne, heißblütig und wild.

Das Leben ist ein Spitzentanz

Das Leben ist ein Spitzentanz,
nicht immer in Gloria und Glanz,
sondern oft ein Üben…
Erfolg nur in Schüben
und oft so lange nicht…

Wer aber mit dem Tanzen bricht
und mutlos dann schleicht,
nicht mehr glaubt, dass es reicht,
weiter über Trümmer zu tanzen,
der wird wutentbrannt Wege stanzen
und nicht mehr darüber schweben…

Mancher Tanz im Leben –
und manches laute Lachen –
nur um weiter zu machen –
um einfach nicht zu weinen…
Sich hochzuziehen
an oft ganz kleinen,
doch so wichtigen Dingen,
die von Lust und Hoffnung singen,
hilft zu Leichtigkeit durch Schwere.

Jede elende Misere
gilt es dennoch im Tanz zu überfliegen,
weil all die Dinge, die viel wiegen,
stets nur Ballast sind!
Darum nimm Dein inneres Kind,
lasse es leicht und höre hinein!
Nur so kannst Du Spitzentänzerin sein…

DRAHTSEILAKT

Das Leben,
kein Abheben,
sondern unsteter Tanz
zwischen Dunkel und Lichterglanz.

Ein wahrer Drahtseilakt –
und der, der ihn packt
und meistert mit Bravour,
dem erscheint das Leben wie eine Zirkustour.

Von Wind geschüttelt aber oft,
steht er auf dem Seil und hofft,
so gerade noch hinüber zu gleiten,
und allein im Ankommen einen Empfang zu bereiten.

Das Leben ist das Ziel,
ein waghalsiges Spiel.
Zwischen Himmel und Abgrund ganz tief
gelingt der Akt oder er geht schief.

Es gilt, die Strecke zu schaffen,
sich mit Böen hinweg zu raffen,
jeden Tag eine selbige Strecke nur
eines Versuchs an Abenteuer pur.

Das Kunststück ein weiteres Mal im Gelingen
lebend zu vollbringen.
Manchmal kommt der Übermut
und ein Zwischensalto tut dann gut,
um der Regelmäßigkeit zu entrinnen
und ein weiteres Kunststück zu vollbringen.

Leben ein waghalsiger Drahtseilakt,
Jeder der zufrieden einen weiteren Tag packt,
mal auch mit echtem Applaus,
geht neugeboren aus der Manege hinaus,
um sich stolz im Spiegel dann zu sagen:
„Es war wieder einer von diesen erfolgsgekrönten Tagen!"

Frühjahrsputz

Frühjahrsputz fängt von Innen an:
Über den eigenen Schatten springen,
den inneren Schweinehund vor die Türe setzen,
alte, marode Rituale wegpacken,
trübselige Gedanken wegputzen,
ausschütteln und gut durchlüften,
verstaubte Erinnerungen sorgsam
aber nichtsdestotrotz forträumen.

Zum Schluss Licht und Luft hereinlassen zur Seele
und Hoffnung zu Neuanfang hereinbitten.
Einen Blumenstrauß mit jungem, frischem Grün und Bunt
in eine Vase stellen mitten auf das Fensterbrett,
damit er weiteres Buntes und Schönes
anziehen mag im so neuen Jahr!
Tief durchatmen, einmal strecken und rasten
und dann aber nichts wie hinaus,
zu einem Spaziergang mit freudefunkelnder Seele.

Leben erfordert Mut

Leben erfordert Mut,
manchmal auch die Kraft der Wut,
es wieder neu zu wagen,
denn es half nichts, das Klagen.
Manchmal sind wir stumm vor Leid,
dann wieder Kind von Heiterkeit.

Leben ist wie Wellengang,
auf und ab und voller Drang,
sich immer neu zu finden,
sich hindurch zu winden,
durch die Zeiten ungehemmt,
angeschwemmt.

Lass Dich tragen und heben,
so ist es, das Leben:
Auf und Ab im Wellenschlagen,
Versuch und Wagen,
oben auf zu schwimmen,
sich im Trudeln einzustimmen.

Hast Du den Rhythmus verstanden,
wirst Du nicht stranden,
sondern mit ihm treiben,
tanzend oben bleiben
auf dem Wellengang,
an der Lebensküste entlang…

GLÜCK IST

Glück ist Sonnenweben,
Liebesstrahlung einer Welt,
die in sinnlichem Erleben
um sich weiß und hält.

Glück ist frei im Seins-Gelingen,
sucht schon lang nicht mehr.
Glück braucht lose Schwingen,
findet ziellos so viel mehr.

Weiß um die Sonne in der Nacht,
wenn sie auch kein Licht entfacht
und alles dunkel scheint.
Lang genug um viel geweint!

Glück, das verließ und ging,
woran ein Herzenswunsch auch hing,
lässt uns nicht aufhören zu glauben,
lässt keine Vernunft uns je rauben.

Glück von friedlicher Nacht,
die ein Hoffnungslicht entfacht,
schenkt uns Atem neu zu finden,
uns in Vertrauen einzubinden.

Glück vergisst nie Augenblicke,
schönste, trotz solcher Zeitgeschicke,
die hart folgten und auch kamen.
Hoffnung ist stets keimender Samen.

Glück als Samen im Sonnenweben
sprießt zu neuem Leben,
höher als zuvor gelang,
ist nicht mehr ängstlich bang!

Glück weiß sich zu genießen,
misst anders und vermag
im Kleinsten zu erkennen,
ohne Wunschbildern noch nach zu rennen…

Glück gibt es nicht in Tüten,
hat so viel mehr zu bieten.
In achtendem Schauen
kann es Träume erbauen.

Empty

Eine leere Wohnung
   ist wie ein leeres Herz.
      Sie wird niemals wohnlich,
         zieht nicht jemand mit aller Liebe ein.

      Zieht nicht jemand mit aller Liebe ein,
     ist und bleibt ein leeres Herz
   wie eine leere Wohnung,
wird niemals wohnlich…

Die Stärke einer Frau

Zu den richtigen und wahren Lieben
beherzt „Ja" zu sagen,
zeigt mehr Kraft,
als die falschen Dinge ertragen zu können.

Viele Männer wünschen sich schwache Frauen,
weil sie leichter zu händeln scheinen.
Doch wer Schwäche und Duldsamkeit sucht,
erfährt selbst kaum die ganz große und starke Liebe!

Um die wahre Liebe heißt es nicht unbedingt
zu ringen und zu kämpfen,
wenn sie sich leicht anschmiegen soll.
Aber Willfährigkeit ist der Tod jeden starken Gefühls!

Die Stärke der Amazonen liegt in dem Wissen,
um was es zu kämpfen lohnt
und was sie freiwillig ziehen lassen,
weil es sie kaum befriedigt, Solches zu erringen!

So lass ich selbst ziehen
alle bösen Gedanken,
die mich ablenken,
von einzig Wahrem...

Hoffnung

…ist der kleine Vogel,
der singt,
wenn alles verklingt
an freudigen Tönen.
Immer wieder ein Aussöhnen
mit altem Geschick –
und brach es uns fast das Genick…

Mit stolzgeschwellter Brust
gegen jeden Frust,
hebt er zu singen an,
so schön er dennoch kann.

Kleiner Vogel des Vertrauens
hilft beim Träumebauen –
und ist des Hoffens niemals müde,
stärker sogar mit jedem neuen Liede…

Momente wie Glück

Jagst Du dem Schmetterling hinterher,
um ihn fangen zu wollen,
fliegt er weit davon.
Setzt Du Dich leise und still
und lobst den Tag,
der Dir einmal Licht und Liebe schenken wird,
ohne es zu erwarten,
ohne es hart zu erbitten,
setzt sich einmal der schönste Schmetterling
Dir vertrauensvoll auf die Haut
und Du weißt,
Momente des Glücks sind zart
und Dir doch erfahrbar, wundervoll…

Der Liebe Violinen – Spiel

Liebe ist wie Violinen – Spiel
und spielst Du sie mit viel Gefühl,
klingen ihre Saiten lockend.
Sie werden lustlos und bockend,
gelingt es Dir traurig nicht,
dass ihr Klang Dir fühlbar spricht.

Innig geliebten Saiten
wohlige Lust zu bereiten,
ist Spielers wertwichtige Übung.
Seiner Seele Klarheit oder Trübung
macht das Lied zum Genuss –
oder zu einem freudlosen Muss.

So ist innigstes Liebesspiel
nur von Schönheit zum Ziel,
wenn es Zweie mitreißt zu dem,
was zu einem Klangbild angenehm
wirbelnde Fassung findet,
so dass sich ein Liebespaar verbündet.

Der Liebe virtuoses Spiel
kann so ungezählt viel
an Klangfarben bilden.
Von Überschwang hin zu milden,
irrsinnig verlockend schönen,
ausgereift sich einstimmenden Tönen…

Ich kleide meine Seele

Ich
kleide meine Seele
in schönster Farbenpracht,
umkränze sie mit bunten Bändern,
tauche sie in zarte Düfte
und führe sie aus.

Ich tanze mit ihr quietschvergnügt
zu fröhlichen Klängen.

Vom Tisch der Vernunft
hebe ich weit ab zu den Sternen,
hin und zurück,
drehe eine Runde um das Einerlei,
winke im Vorbeifliegen
den Realisten zu –
und entschwinde den Augen
derjenigen im Nu,
die sagen:
„Das gibt's doch nicht!"

Ich glaube

Ich glaube,
dass Licht über Dunkelheit stets siegt,
ich glaube, dass das Böse irgendwann unterliegt,
ich glaube, dass Liebe Herzen erwärmt und gewinnt,
ich glaube, dass aller Hass irgendwann verrinnt,
ich glaube, dass Hoffnung von Wert und Wichtigkeit ist,
ich vertraue auf Ehrlichkeit statt auf Tücke und List,
ich glaube an etwas Gutes in Allem,
weil sich Menschen im Gutsein besser gefallen,
ich glaube an Sonne nach Regen,
ich glaube, dass Vorbilder etwas bewegen,
Ich glaube, dass jede Seele, die vorbildlich lebt,
nach Vollkommenheit strebt
und liebend waltet,
am Leben aller wunderbar mitgestaltet.

Ich glaube,
dass Wege im Gehen entstehen,
ich glaube, dass Sorgen verwehen,
ich glaube, dass Mut unterstützt
und wir sind von Engeln beschützt.
Manchmal sind es auch Du und ich,
die ganz unweigerlich
mit an der Welt retten!
Alles greift wie Glieder von Ketten
und nichts ist vergebens!
Zeitlebens haben wir Chancen zuhauf,
mitzuwirken am ganzen Verlauf
und allem Beifall zu zollen
da, wo wir mit Heiler sein wollen.

Ich glaube und weiß,
dass oft erst ganz leis
die Dinge geschehen!
Wir müssen nicht flehen,
sondern tiefer nur schauen,
wie Herzen oft Brücken bauen
zueinander dann hin.
Alles ergibt Sinn
und das kleinste Samenkorn treibt
zu seiner geschenkten Zeit
die prächtigste Blüte.
Alles beseelt einer Güte
und wert, reich zu achten.
Alle von einer Göttlichkeit gemachten
Geschöpfe, Gewächse und Wesen,
sind ohne Auslesen
gewünscht und zu ehren.
So ist Glauben mein Begehren!

****

Authentizität ist mehr als nur ein Wort

****

Die starke Frau

Sie kennt ihre eigenen Kräfte
und Stärken immer besser.
Darum muss sie eher nun noch lernen,
sich zufriedene Sanftheit zu gestatten,
vor allem sich selbst gegenüber,
denn gefühlt schwach zu sein
galt ihr immer für sich selbst
als völlig unmöglich.

Ihre Narben verdrängt sie nicht,
aber sie erlaubt ihnen endlich abzuheilen,
damit sie nicht mehr schmerzen, reißen
und erinnern.
Sie streichelt sie milde geworden nun
und gibt Niemandem mehr die Macht
darüber, sie je wieder tief zu verletzen.

Die starke Frau wartet nicht mehr auf Wunder,
glaubt nicht mehr an Prinzen auf weißen Rössern,
muss auch nicht hofiert werden
in dieser Art von Schauspiel und Komödie,
wie sie es längst doch durchschaut!

Sie hat längst erkannt,
was sie nie wieder will,
wovon sie viel mehr noch will.
Sie weiß von sich,
dass sie autark und selbstverantwortlich leben kann
über lange Durststrecken
und durch tiefe Täler von Traurigkeit.
Alles besser als Halbwahrheiten!

Das Buch ihres Lebens ist voller
Knicke, Kritzeleien, Tintenkleckse,
doch auch voll verspielter Schnörkel und
zärtlicher Episoden, liebevoll in Schönschrift verfasst.
Es schreibt wohl von Fehlentscheidungen, Ungeduld,
Niederlagen, Verlusten, Kränkungen,
Orientierungslosigkeit, Sackgassen
und all den Tränen darum.

Viele Kapitel enden mit einem zaghaften Komma,
einem Semikolon.
Doch irgendwann wird sie den Punkt hinzufügen.
Manches muss ein klares Ende finden,
um ein neues Kapitel zu schreiben!

Die wirklich starke Frau
ist immer weniger bereit zu warten, abzuwarten,
sich zu vertrösten, traurig auszuharren,
denn das Leben schreibt sich jetzt und hier!
Träume, ein Leben lang zu oft in kleinliche Warteschleifen gelegt,
wollen endlich frei, wild und wunderbar atmen!
Vogelfrei will Leben sich im Wagen erfahren!

Die starke Frau
unterwirft sich keinen Zwängen,
geht nicht konform mit der Masse,
ist kein Abziehbild von Konformität,
geht keine ausgetretenen Wege,
weiß um Zwischentöne von Schwarz und Weiß
und prägt ihren eigenen Stil!
Sie kleidet sich nach Lust und Laune
und nicht stets genormt und angemessen.
Sie schmückt ihre Seele mit Farben,
wie Innen so auch Außen.

Diese starke Frau kümmert
kein kleinkariertes Denken.
Kein erhobener Zeigefinger
langt an ihr freies Denken und Handeln,
denn sie holt groß und freimütig aus dem Vollen,
hält sich nicht zurück und klein,
ist unersättlich, neugierig, gefühlsecht,
will vom Besten nichts verpassen
und weiß dennoch um alles winzig Kleinste,
was den unerschöpflichen Ozean randvoll macht,
Tropfen an Tropfen vom Glück!!!

Die starke Frau
lässt sich nicht auspressen, nie mehr,
wie einen willigen Schwamm
von solchen Verdurstenden,
die selber aus sich nichts sprudelnd verschenken,
sondern nur Quellen anzapfen wollen
und dennoch an ihrem eigenen Geiz innerlich vertrocknen!

Die Stärke,
nichts mehr zu erwarten,
aber die Hoffnung sich zu bewahren
als feste Gewissheit,
dass alles einen Sinn ergibt,
Puzzleteil um Puzzleteil sich fügt
im Wandel allen Zeitgeschehens,
eben ohne jedes Ringen und erbittertes Kämpfen,
wird dieser Frau endlich Ankommen bereiten
zu ihrer größtmöglichen
Leichtigkeit!

Die starke Frau ist nicht zwanghaft abhängig
von Schminke, Kleidung, Frisur
oder dem Kiloanzeiger der Waage!
Aber sie legt Wert darauf,
das Beste aus sich zu machen.

Die starke Frau schreibt Ihre Geschichte selbst...
Sie lässt sich nichts abnehmen,
sie macht ihr eigenes Ding!
Doch Weggefährten,
die sie begleiten,
motivieren,
mit in manche Kapitel sich einbringen,
sind ihr willkommen,
WENN SIE ES SO WILL!!!

Hingabe fängt beim Herzen an

So manch einer mochte mich gerne verführen,
schaffte es aber nicht, meine Seele zu berühren,
als sei ich irgend so ein liebloses Ding.
So wie ich berührt werde, so kling
und schwinge ich vielleicht entgegen.
Reine Körperlichkeit ist mir kein Segen.

Wer meine Seele zu erreichen vermag,
an einem freudestrahlenden Tag,
den schaue ich mir genauer an.
Und wenn er mir etwas geben kann,
werde ich ihn vielleicht verführen –
um auch seine Seele dann zu berühren…

AUTHENTISCH

Authentisch zu sein,
heißt nicht immer zu gefallen!
Will man auch nicht, nicht JEDEM und ALLEN!

Authentisch zu sein,
heißt nicht perfekt zu sein.
Wohl eher im Gegenteil:
Ecken und Kanten zuhauf
und Narben vom Lebensverlauf.
Es bedeutet, von sich selbst nicht weg zu streben,
nicht dazu zu neigen,
eine geschönte Maske zu zeigen.

Authentisch zu sein, heißt zu achten,
was Zeiten aus einem machten,
aber gerade und unverbogen zu bleiben
und im Strudel oben zu treiben,
nicht dabei doch unterzugehen,
in menschenfeindlichem Geschehen.

Authentisch und wahrhaftig zu bestehen,
in unverbrüchlichem Geschehen,
ist oft ein wahrer Spießrutenlauf,
denn die Zeiten nehmen lieber Mitläufer in Kauf,
als selbstbestimmte Denker
und Unfriedenschenker.
Doch Wege werden durch unerschütterliches Begehen
fassend und tragend erst entstehen!

Meine Welt ertrank in Stille

Meine Welt ertrank in Stille
und ward mir beinah tot.
Nahm mit sich ihre Fülle,
enthob sich aus dem Lot.
Hing schief in den Scharnieren,
war mir nicht wert zu richten.
Meine Welt sich im Verlieren,
konnte Groll mir nicht mehr schlichten
über diesen Untergang.

So stieg ich tief hinab zu mir,
war des Dunkels nicht mehr bang.
Suchte nicht Ausweg oder Tür,
wollte mit ertrinken in Stille.
So zog ich fort und dahin,
ich nur mehr eine leere Hülle,
ohne Wert und ohne Sinn…

Doch einmal erwachte ringsum die Stille,
erhob sich meine Seele zu neuen Tönen,
ein unverbrüchlicher Wille
suchte doch ein Versöhnen.
Machte sich auf zu Erwachen
und streckte seine Schwingen.
Stille durchströmte ein Lachen –
hörte mich selbst dem Leben wieder Beifall bringen…

Meines Wesens Dunkelstunden

Meines Wesens Dunkelstunden,
sie sind angenommen und runden
mir ab mein ganzes Sein.
Ohne sie mein Leben fad und klein…

So wie des Honigs Süße –
und alles Glück mich strahlen ließe,
wie Lust und freudiges Erheben,
brauche ich gerade diese Dunkelleben,
um zu erkennen, wie wert und wichtig,
wie groß und tüchtig
die Schöpfung wirkt und schafft…

Alles Dunkle im Gemüt rafft
alles Wissen – gefühlt von Sinken – hoch nach oben,
um es hervorbringend neu zu loben…

Meiner Seele dunkle Seiten,
in Melancholie beizeiten,
sind wahrlich und gerecht!
Nichts wäre mir so erfahrbar und echt,
ohne eben dieses Wissen,
manchmal tief fallen zu müssen –
um gestärkt aufzusteigen,
nach einem Sinken und Neigen,
wie des Phönix Erheben aus der Glut.
Dunkelphasen brachten stets mir Kraft und Mut…

Meiner Erkenntnis Dunkelseiten,
sind schlussendlich die, die Horizonte mir weiten.

Inmitten

Inmitten
möchte ich unbestritten
mein Licht hoch halten,
mit eigenen Kräften walten
und mich zu allen Seiten drehen.
In gottgewolltem Geschehen
möchte ich solche Gesichter schauen,
die mir gönnen, mich aufzubauen.

Inmitten
möchte ich gemocht und gelitten
ich selbst sein dürfen,
aus meinen Mitteln schürfen
und das Beste versuchen,
egal, ob es gelingt, Erfolg zu verbuchen.
Soweit ich kommen kann,
stehe ich meinen Mann.

Inmitten
möchte ich unbestritten
in meinem Takt wohl gleiten,
mir wie im Tanz eine Fläche bereiten,
ungebremst und ungehindert,
probiere ich Schritte unvermindert
zu meinem Lebenstanz,
in meinem Licht und Glanz.

MAHNMAL

Wie oft schrien wir: „Nie wieder!"
Nie wieder verquere Lieder,
die sich arg verzerrten –
jede bunte Ganzheit verwehrten?

Wie oft meinten wir es ehrlich,
aus dem Herzen weise und begehrlich,
wenn wir sprachen: „Nie wieder!"?

Und doch singen wir wieder Marschlieder
zu vorgegebener Melodie
fanatischer, irregeleiteter Philosophie,
die eigenes Denken uns engt,
in Uniformen zwängt,
die uns irgendwann passen,
weil wir es versäumen, wieder nicht erfassen,
dass eigener Wille, eines Jeden Wert,
verhilft, dass einmal unbeschwert
ein jedes Wesen, jede Kreatur,
in der selbst gelenkten Spur
wandeln und bestehen kann.

Frau, Kind und Mann,
lassen wir es endlich zu -
verfassen neue, tragende Lieder
voll Harmonie und Ruh,
und singen engend - alte Melodien niemals wieder.

WORTE

Vergleichsweise nicht leise –
und überhaupt – oft viel zu laut,
spricht sich manche Wahrheit aus.
Verkriecht sich nicht wie eine Maus,
sondert wettert auch mal los.

Was ist das für eine Gesellschaft bloß,
die zur falschen Zeit stets schweigt?
Lästert und hetzt, sich zugeneigt,
zu kleinen süßen Sünden,
die doch so viel Gefallen finden?!

Manche Worte gehören gesagt,
nicht stets immer wieder vertagt –
und manche Worte gehören geschwiegen,
die nicht einem Verstehen obliegen…

Vergleichsweise
auch schon mal ganz leise,
Hauptsache ausgesprochen,
nicht hinter eigener Feigheit verkrochen,
manches vielleicht verzagt,
aber ernstgemeint doch gesagt,
hilft vor einer Dummheit zu schützen,
nicht Trittbretter dafür zu benützen,
sondern fassend etwas zu tun
und Brücken zueinander aufzutun…

Das Banner

Trage das Banner der Möglichkeiten vor Dir,
halte es hoch erhoben vor Menschen, die sagen:
„Das ist unmöglich, das geht nicht, das kannst DU nicht…!"
Alles ist offen und möglich,
dem Du die Chance hierfür gewährst!!!
Das Banner der Möglichkeiten flattert im Wind
der ungeahnten Wirklichkeiten,
bäumt und erhebt sich,
selbst vor den Augen derer,
die vorher kein Lüftchen
gespürt haben!

Alles was Du hast

Alles was Du hast,
ist Deine Seele!
Verlier sie nicht auf Deinem Weg,
der steinig werden kann
und nicht immer schwerelos!

Bleib Dir treu –
und verlasse nicht
für falschen Glanz Deinen Weg,
auf dem Kieselsteine
im Mondlicht leuchten!

Falscher Tand und Glitzer
kosten oft mehr als Geld.
Ihr Preis ist leicht auszuhandeln,
wenn Du bereit bist,
Deine Seele her zu schenken.

Verkauf niemals Deine Seele
für den Schein von Großem
und weil manche Schatten
Dich versuchen,
Dich das Fürchten lehren!

Schatten zeigen Dir nur,
wo Du Deine Sonne zu suchen hast,
die Dich wärmt, erhellt
und Dir klar zu erkennen gibt,
wo Du stehst zwischen Schatten und Licht.

Alles was Du besitzt,
ist diese eine geschenkte Seele,
mit ihrer eigenen Sicht
und Wahrnehmung
für Alles.

Halte sie wert und rein,
damit Du Dich mit ihr stets
eins fühlen darfst.

TRAUMWANDLERISCH

Traumwandlerisch
wandel ich
ohne starres Gewand,
wenn ich nicht unverwandt
beständig kopfgesteuert funktioniere.

Wenn ich meine Träume aufspüre
und an die Hand wohl nehme,
meine Ängste endlich bezähme
und frei fliege mit dem Wind,
bin ich traumwandlerisch wie als Kind.

Oft gehört erstes Fallen zum Fliegen,
vorher eigene Schwerkraft zu besiegen.
Sich aufzuraffen und aufzustehen,
verhilft zu Neuversuch in Geschehen.

Flügel endlich aufgespannt
und alle Sorgen weit verbannt!
Es gibt keinen Schutz vor Leben,
Flug beginnt damit, hoffnungsvoll abzuheben…

LEBE EINFACH RICHTIG!

Verzeihe schnell,
vor allem Dir selbst,
denn jeder neue Morgen bietet die Chancen,
alles besser zu machen
oder auch anders neu zu versuchen!

Lache laut und beherzt –
unterdrücke keine ehrlich verspürte Fröhlichkeit,
um Dich vermeintlich angemessen zu verhalten,
nur weil Andere ihr Lachen längst verloren haben!
Lächle, wenn Dir danach zumute ist,
es ist Gymnastik für Dein Gesicht –
und bis in Dein Herz hinein
sorgt es für Lachfältchen.

Küsse und liebe mit Bedacht und Gefühl,
lasse all dem Zeit, was in Dir brennt,
schüre es zu der Flamme,
die zwei Körper beseelt
zu gemeinsam herrlicher Glut!
Liebe nicht halbherzig,
denn ein halbes Herz zu verschenken,
lässt unerfüllt darben.

Genieße in vollen Zügen,
was Dir gut tut
und verbanne mehr und mehr aus Deinem Leben,
was Dir sinnlose Energie entzieht,
Dir Lebenskräfte raubt für Besseres!
Erhalte Dir Deine Kräfte für positive und wertwichtige Dinge
und lade Ballast ab, der Dich bedrückt,
der Dir die Energien raubt,
die an anderer Stelle sonst fehlen,
für alles, was Dich weiterbringt.

Ringe nicht mehr um Freundschaften und Lieben,
sondern gehe nur soweit darauf zu,
wie Dir mit offenen Armen und Herzen begegnet wird!
Jede zwischenmenschliche Brücke
ist ein gemeinsames Wirken und Schaffen,
wenn es keine Einbahnstraße werden soll!

Ein festes Fundament ist die Grundlage jedes Erschaffens!
Darum tue nur das, was Du tust,
mit ganzer Seele, aus Überzeugung und selbstbestimmt –
und wenn es sich richtig für Dich anfühlt,
dann bleibe Dir treu!

Niemand kann, darf und soll Dir seine Gedankengänge
als die einzig wahren vorgeben,
denn er kennt nicht Deine Historie –
und weniger noch Deine Träume,
die Dich leiten und führen!
Also lebe einfach richtig
Dein Dir geschenktes Leben!

Das weiche Wasser bricht den Stein

Das weiche Wasser bricht den Stein,
wir alle können Wasser sein
und die Starren bewegen,
die schon längst zu wahrem Segen
überwunden und verändert gehören.

All jene Dinge, die Verlauf nur stören
hin zu Ankommen und Glück,
die trägt ab eine jede Seele Stück für Stück,
liebend umfließend wie Wasser.

Entgegen mancher Welten-Hasser
muss Wandel nicht
in Liebesverzicht
aus Härten erschaffen sein.

Viele Wege erscheinen sanft, zart und klein –
und können das Größte erschaffen.
Wahre Größe heißt, sich über Starre hinwegzuraffen!

NICHT mit Tinte

Nicht mit Tinte schreibt sich manch ein Leben,
doch oft mit Mühsal und mit Schweiß.
Manche Tage weben
fordernd und nicht leis.
In manchem Leid voll Tränen zuhauf,
nimmt oft ein Leben seinen Verlauf.

Jeder Schreiber seines Lebens
schreibt dennoch nicht vergebens
und Du verliere auch nicht den Mut!
Eine Lebensgeschichte wird wert und gut,
in all ihren Farben!
Leben oft ein freudloses Darben.

Und doch voller Glücksmomente immer wieder,
schreibt es Trauer- und Freudenlieder,
alles zu seiner Zeit...
Halte Du stolz Dein Werk bereit,
an dem Du schriebst durch Zeiten,
die Dir ein prachtvolles Werk bereiten.

Keine Seite null und nichtig,
am Ende alle wert und richtig,
ergeben den Gesamtklang im Lesen.
Dies bist immer Du gewesen!
Jede Seite mit erfülltem Ziel
ergibt das harte Lebensspiel.

Entrückt – verrückt – beglückt

Umarme zärtlich Bäume,
glaube an Deine Träume!
Spring auch mal in Pfützen,
ohne Gummistiefel zu benützen!
Lauf barfuß über weiches Gras,
vergiss allen Groll und Hass!
Schrei auch mal aus voller Lunge,
pfeif auf den Fingern wie ein Junge!
Toll herum wie ein junger Hund,
kleide Dich pippilangstrumpfbunt!
Renn mit dem Wind um die Wette,
flechte aus Blüten eine Kette!

Schaue all die Wolkenbilder,
nimm sie Dir als Zukunftsschilder!
Geh durch die Natur,
dem Lebenssinn auf der Spur!
Schnuppere Blüten- und Waldgeruch,
Staune, finde und such
alles, was Dich glücklich macht,
so dass Dein Herz Dir ehrlich lacht –
und hüpft vor reinem Vergnügen,
den Alltag mal zu besiegen…

Sei verrückt und sonderbar,
das Leben ist dann wunderbar!

Frech, wild, verrückt – wunderbar

Es ist ein Segen,
wenn man ein wenig verrückt ist und sich dies erhält!
Wenn verrückt sein bedeutet,
leichtgläubig zu sein,
noch träumen und wünschen zu können,
offenherzig und großmütig zu sein
in naturgegebenem Vertrauen,
dann sei es doch!

Wenn wild und wunderbar zu sein bedeutet,
Spaß haben zu können,
beherzt lachen zu können,
sich kindlich freuen zu können,
ungehemmt und unverbogen
mit unverknittertem Herzen
einfach selbst zu sein,
dann sei auch dies!

Erfreue Dich an Dir selbst,
denn Du bist einfach beschenkt mit Dir!
Bleibe so, denn es ist das,
wo manch einer gerne hin zurück möchte,
sich aber selbst das Leben unnötig schwer macht
in Kopflastigkeit, die ihn beschwert und hemmt,
einfach mal wieder
frech, wild, verrückt und wunderbar zu sein…

Wenn Jesus übers Wasser lief

Wenn Jesus übers Wasser lief,
selbst im Tode nur mehr schlief,
Zeichen uns aufzeigte,
der Vernunft angeblich abgeneigte,
dann komm ich zu dem Schluss,
dass nichts begrenzt sein muss.

Wenn Wunder selbst zu Zeiten,
wo Ungläubigkeiten sich ausbreiten,
nie ein Enden finden,
mag ich mich mehr und mehr verbünden
mit einem tiefen Glauben,
dass alle Dinge sich zu Fassung schrauben…

Lache

Lache, lache,
lache lauter,
lache wild und frei!
Lache, lache,
denn das Leben geht vorbei!

Lache, lache
und das Herz, es sprengt
alles, alles,
was es knechtet,
alles, was es engt!

Lache, lächle,
freue Dich!
Grinse, schreie
und befreie
Deine Seele innerlich!

Lache lauthals,
lächle tief,
Freudentränen
rinnen leise,
lächle frei und schief!

Lache, grinse,
denn Dein Lachen gehört Dir!
Verschenk es reich,
es strahlt so weit,
gehört glücklich dann auch mir!

Schon mal einen Baum umarmt!?

Es ist nicht verrückt, Bäume zu umarmen,
kalte Tage zu ersetzen durch gefühlt warme,
Liebe einzubringen, wo Härte entgegenschlägt,
zu suchen nach jedem Herz, was ähnlich sich regt,
patschend in Pfützen zu springen,
Leute zum Erstaunen und Lachen zu bringen,
Steine und Muscheln zu suchen.
Das ist besser, als Geld zu verbuchen.

Den leisen Stimmen zu lauschen,
die in Bäumen und Sträuchern rauschen,
Sterne abends am Himmel zu zählen,
den schönsten für sich selbst zu wählen,
Wolkenbilder zu schauen
und daraus Schlösser zu bauen,
barfuß über Wiesen zu laufen,
dies Gefühl gibt es nicht zu kaufen,
sowie manch scheinbar Verrücktes nicht…
So etwas gibt es nur, stehst Du im Licht
von eigenem Erspüren
und ein Stück vom Himmel dann zu berühren…

ES IST NORMAL, ANDERS ZU SEIN
LEBEN SCHLIESST VIELFALT MIT EIN

Es ist normal, anders zu sein,
sonst würde die Welt sehr klein
und die Herzen zu eng.
So wie ich manche Ketten spreng,
möcht ich stets vor Augen führen,
dass wir alle gern leben, lieben und erspüren,
was dieses Leben bedeutet und ist,
egal, wie man von Gott erschaffen ist.

Es ist normal, anders zu sein,
die Schöpfung ist vielfältig im Sein.
Die Erde schuf immer schon bunt –
so tut sie Lebensbejahung kund.
Es gibt solche und solche Seelen,
alle sind wert und zählen
auf unserem Erdenball!
Versuchen wir es ohne Wertung und Wahl!

Ohne einen Weg ins Aus
schaut umfassendes Lieben aus!
Es ist oft befremdlich und auch schwer,
ist man nicht betroffen und von Erfahrung leer,
doch gibst Du die Hand einem Menschenkind,
einem von jenen, die „anders" sind,
bemerkst Du mit einem Mal:
Es ist spannend – und keine Qual!!!

Lernen und begreifen,
aneinander wachsen und reifen,
das wünsche ich uns allen,
damit uns unsere Herzen wieder liebend gefallen!!!

Das Staunen

Was erhält uns dieses Staunen
von großäugigen Kindern?

Was macht diesen Blick,
der die Wunder noch sieht,
nein, mit dem Herzen erkennt?

Was macht Deinen Wert Dir?
Dein Erfolg, Dein kalkulierender Kopf,
Dein rücksichtsloses Vorgehen
in dieser so angeschlagenen Welt?

Wo siehst Du ihn für Dich alleine?
Das Staunen, die grenzenlose Freude,
die scheinbar so grundlos
uns als Kind packen konnte,
ich weiß es noch!

In manchen Augenblicken
schien der Himmel gefühlt so nah.
Ich inmitten eines Großen und Ganzen,
was mich zärtlich erkannte.
Nein, ich vermochte es,
mich zärtlich zu mögen,
meine Möglichkeiten als unerschöpflich anzusehen,
mir nahezu alles zuzutrauen…

Ich fiel hin, schlug mir die Knie blutig auf,
hatte Enttäuschungen, Misserfolge,
doch inmitten glänzte alles
noch so heile und blieb so lange
unangekratzt.

Das Staunen und ein Kinderlachen
spiegeln durch alle Zeiten,
wahres Glück und Harmonie.
Sie sind die Erfolge einer Gesellschaft,
die es sonst zu vergessen drohte...

Grundloses Glück

Ich kannte es als Kind.
Ich lief - traumverloren blind -
und doch so erfassend,
alles seiend und belassend,
genießend in einer Mitte
göttlich gelenkter Schritte.

Grundloses Glück
vergangener Tage,
wo ich mich heute so plage,
mit vernunftsgeprägten Sorgen,
immer auch schon für das Morgen.
Wo ist sie, meine beglückende Mitte zu mir,
mein verblasstes Kindheitsgespür
für tief empfundenes Glück,
grundlos, einfach nur im Augenblick?

Geliebtes inneres Kind,
bist verweht wie ein Sommerwind,
den ich nicht fangen noch halten konnt,
wo Erwachsensein nun in mir wohnt.
Grundlos tiefgefühltes Glück,
komm doch bitte zurück,
in meine liebende Mitte
strahlend geführter Schritte!

Jemandes Held zu sein

Jemandes Held zu sein
schließt einzig ein,
in diesem tiefen Blick,
nicht kurz hin und zurück,
sondern wahrlich erkannt,
mit Herzgespür gebannt,
geliebt zu sein im Herzenston.
Ein Held braucht keine Perfektion!

Jemandes Held zu sein,
ist Verstehen allein,
wie besonders schön man ist,
ohne Arg und Hinterlist,
ohne falsches Spiel,
sondern wahr und echt an Gefühl –
und schöner als alles rings umher –
weil alles stimmt und passt so sehr!

Jemandes Held zu sein,
hält die Welt nicht klein
und nicht verschroben!
Buntheit ist zu loben,
macht uns alle frei!
Sei auch Du dabei!
Denn was ist verrückt,
wenn es reich uns beglückt,
uns wunderbar macht,
sonnenhell aus Augen lacht?!

Ein Held,
wie er mir gefällt,
braucht genau das,
was ich schwer in Worte fass.
Doch stets mich berührt,
wenn er mich entführt
in seine Welt,
mein geliebter Held!

Behütet

Du scheinst mir so begütet,
wahrlich von einem Segen behütet,
der Dir Farben schenkte,
Deinen Lebensweg anders lenkte
schon zu Deiner Geburt erkannt.

Und wenn mich manche Verzweiflung übermannt
und Sorge auch um Dich,
so spüre ich weiterhin hoffentlich
Dich liebevoll behütet…

Wünsch Dir ein Leben, das Dir bietet
Chance und Anerkennung!
Einmal ein Sein ohne Benennung
von einem geburtsbedingten Namen,
dessen Gene Dir Konformität nahmen,
aber Dir etwas mitgaben,
wovon viele so nicht haben:

Lebenslust und -ahnen,
dass sich Wege willig bahnen,
wo einzig jeder Funke zählt.
Du bist gewollt, geschenkt und auserwählt,
vielleicht anzustupsen und aufzuzeigen,
dass sich die Dinge anders auch verneigen…

In Deinen oder meinen Augen

In Deinen Augen bin ich Nichts,
wenn sie mich lieblos betrachten.
In meinen Augen bin ich Alles,
was ich sein möchte,
wenn ich mich liebevoll betrachte.
Der eigene Blick
schafft das Größtmögliche –
und das, was Du dann sehen könntest,
bin ICH!

Wenn Du siehst, was mir möglich ist,
kann es zu spät sein,
Deinem Blick noch begegnen zu wollen…
Ich will mit Augen betrachtet werden,
die mir liebevoll begegnen –
so, wie ich gerade bin –
ganz unten oder obenauf!
Dazwischen ist nichts
als luftleerer Raum…

Menschen mit Schwierigkeiten

Menschen mit Schwierigkeiten,
die augenscheinlich Leid verbreiten –
lerne genau solche kennen!
Sie können Dir 1000 Gründe nennen,
die von Lebenslust bezeugen!

Wo perfekte Menschen dazu neigen,
stets zu jammern und zu klagen,
stellen Menschen längst keine Fragen,
die um Wichtigkeit und Wert
nicht mehr streiten und suchen.
Jeder gelebte Tag darf Sinn verbuchen!

Sie leben nach ihrem Können, unbeschwert,
in ihrem Ermessen von Lebenswert.
So unbeschwert,
wie es eben geht,
genießen sie, wie rau der Wind auch weht,
ihre Lebenslagen mit Schwierigkeiten,
die ihnen zum Trotz Lebensfreude bereiten…

Darum werte nicht,
schau einem Kind ins Gesicht –
lebt es gern und auf seine Art,
die so an Freude nicht spart?
So lass ihm all seine Träume!
Vielleicht sind seine Räume
lichter und hell,
weil ihm zur Stell
kein Bemessen stört!

Wie Jeder nach Innen hört,
wächst er daran,
so gut er kann
und schaut voller Licht
in jedes fremde Gesicht,
das ihm ein Lächeln schenkt
und ihn als wertvoll erkennt...

Mein Regenbogenlichterkind

Regenbogenlichterkind,
unter Deinen Flügeln Wind,
der Dich zart hebt und stets trägt!
Ein Schicksal, das nicht wiegt und wägt,
sondern Dir zärtlich entgegenrückt!
Eines, das Dich oft beglückt
und möglichst selten traurig macht!
So wie es Dir oft fröhlich lacht,
lachst Du in eine Welt,
in der einmal hoffentlich zählt,
wie wert ein Herz nur ist
ohne Arg und Hinterlist!

Ich wünsche Dir so viel, so gut!
Erhalte Dir Deinen stillen Mut!
Erhalte Dir Dein sonniges Gemüt,
worin ein Regenbogen zieht,
bunt und lichtdurchzogen!
Du glättest mir so viele Wogen
und Jeder, der Dich wahrlich schaut,
weiß, dass er mit daran baut,
unsere Welt ein Stück heller zu machen,
gemeinsam mit Dir - regenbogenbunt - zu lachen…

Nur als Kind

So hab ich nur als Kind geglaubt.
Alles war gültig und erlaubt,
so arglos im Vertrauen.
Ich konnte bis zum Himmel schauen
durch klarstes Sternenlicht
und Wolken gab es nicht.

So hab ich nur als Kind gelacht,
so herzlich offen, unbedacht.
War ohne Scheu und Zweifel ganz,
inmitten von gelebtem Tanz.
Ich fühlte mich unendlich frei,
wunderbar und selbst mir treu.

So hab ich manchen Augenblick
in hellstem wohl gelebten Glück
tief in mir aufgenommen,
dort bei mir anzukommen.
Fühl mich heute oft so taub
nach manchem Seelenraub.

Im Alltagstrott so ausgebrannt,
nehm ich dann liebevoll Erinnerung zur Hand.
Ich stürme los, tief in Gedanken,
und renne ohne Arg und Kranken
gefühltes Erinnerungsstück
freudig lächelnd dann zurück…

Nur Bunt

Nur Bunt tut sich wahre Freude kund.
Es gibt so viele Zwischentöne,
schillernd bunte, schöne,
zwischen schwarz und weiß,
ohne großes Sortieren!
So lass ich mir ein Leben passieren
mit Überraschungsfaktor im Geschehen!

Ich möchte eine Vielfalt sehen
und jeden eigenen Wert darum und darin!
Jedem Leben seinen berechtigten Sinn,
denn Gott hat sich dabei manches gedacht,
weil erst Buntheit aus Unberührtheit lacht!

Der Mensch ist nicht dazu bestimmt,
dass er anderen Geschöpfen Lebensrecht nimmt,
noch Nutzen diktiert,
nach Berechtigung sortiert,
was richtig oder falsch zu sein hat!
Monotonie wäre man bald satt,
würde es dahin weiter gehen,
Selektion zu gestatten in kaltem Geschehen…

Rahmen sprengen

Lass Dich in keinen Rahmen pressen!
Sprenge ihn, wird er Dir nicht gerecht!
Die Leute, die Dich bemessen,
meinen es nicht stets wahr und echt!
Lasse Dich selbst hochleben
und gönne Dir Freiheit!
Fülle mit Beleben
Deine wertvolle Zeit
im Denken, Handeln und Träumen!
Dein Horizont ist so weit,
wie Du ihm schaffst an Räumen,
die angefüllt mit Leben sind!
Sprenge Rahmen und Normen,
die Dich knechten und engen!
Leben hat tausend Formen,
die nach Lust und Leben drängen…

Born

Geboren, um zu leben,
nach den Dingen zu streben,
die mir selbst wichtig erscheinen.
Die großen und die kleinen
Werte gleichermaßen zu erfassen.
Es niemals sein zu lassen,
nach den Sternen zu greifen,
in einem Tempo zu wachsen und zu reifen,
das genau jenem unterliegt,
welches nicht wertet oder wiegt,
sondern das mich so gemacht hat, wie ich bin,
in einem Gott geführten Sinn.

Schlummergedicht für Frieda

Ich pflücke Dir einen Traum
aus hochwachsendem Baum
bis weit in den Himmel.

Ein weißer Wolkenschimmel
reitet wildschnaubend vorbei,
hat eine feine Prinzessin dabei.
Diese hält lose die Zügel.
Mein ich's oder hat der Schimmel Flügel?
Jagt vorbei mit dem Wind –
schau liebes Kind,
kannst Du ihn wohl erblicken?
Mit wilder Mähne, sein Nicken,
zieht er dahin so schnell.

Ein zweiter Traum zur Stell,
den pflücke ich Dir nun,
lass Deine müden Augen ruhn –
und höre, Äuglein geschlossen, ein Lied.
Es macht Dich selig und müd.

Und mit drittem Traume dann,
den ich gerade noch pflücken kann,
schläfst Du schon tief und feste ein.
Der Mond soll Dir Begleiter sein
bis zum Morgen, da sagt er adieu:
„Bis dann, wenn ich Dich wiederseh!"

Dann pflücke ich Dir einen Traum
aus hochwachsendem Baum
bis weit in den Himmel ...

Tritt

Tritt
doch mal
aus Deinem
eigenen Schatten
und erinnere Dich
Deines strahlenden Lichts,
das Du selbst unter den Scheffel stelltest,
gegen ein Kleid in Grau tauschtest,
weil Du Zweifel bekamst
an Deinem
Strahlen!

Kein
Strahlen
leuchtet, wärmt
so schön wie das Deinige,
denn es wurde Dir geschenkt,
in einem Sinne von göttlichem Verstehen,
wie ein Kleid Dir liebevoll angepasst,
von solch ureigener Schönheit,
die nur Dir steht und
die Farben Deines
Herzens
spiegelt.

Wertmäßigkeiten

Manchmal ist das Leben
ganz wundersam gut gelaunt
und will etwas Besonderes erschaffen,
um seiner Freude
Ausdruck zu verleihen.

Es hält sich an keine gängige Norm,
sondern will freischaffend bunt
gestalten und
etwas in die Welt senden,
was dazu anregt,
Vieles neu und anders zu betrachten,
mit dem Herzen zu verstehen
oder alle Maßstäbe grundlegend
umzuwerfen,
die uns Enge vorlegen.

Und wir? - Wir nennen dies ein Unglück?
Eine Schöpfung,
die mit jedem menschlichen Verstand
begriffen, bewertet oder gar abgelehnt wird,
wäre eine gar kleine Magie.

Es ist an der Zeit,
wieder allem eine Wertmäßigkeit
einzuräumen,
ohne sie gleich verstehen zu müssen
in ihrem ureigenen Sinn,
sie frei und sein zu lassen!

Gib einem Kind...

Gib einem Kind die Hand
und lass Dich entführen
in sein Wunderzauberland,
wo Sterne den Boden berühren
und Feengestalten zu Hause sind,
die dem Sehen nicht blind,
Dich tiefer noch schauen,
Asthäuser bauen
und wandeln durch Stürme.
Überall hohe Türme,
denn nichts ist gar klein,
einem Kindererkennen noch rein
und unverfälscht groß.

Es greift mit Händen noch bloß
bis in Wattewolken hinein
und darf Eroberer sein
aller Wundergeschehen.
Nur Kinderaugen, sie sehen
noch göttliches Wirken zuhauf
und in ihrem so hüpfenden Lauf,
stauben ihnen Wege wie Schnee
und jede Pfütze ist ein See
und gar der große Ozean,
in den Papierschiffe hineingetan
kämpfen durch Gischt.
Es schaut ein Kindergesicht
auf unergründlichem Wasser sein Schiff ziehen
und lustig wippend davon fliehen.
Knöcheltief Füßchen dann tapsen,
um mit freudigem Japsen
Fluten zu überwinden
und stolz lachend zu verkünden,
aufs wilde Meer gefahren zu sein.

Kindergemüt ist nicht klein,
sondern wie von solchen Riesen,
die fest die Stürme bliesen,
ist gesegnet und beschenkt
und Du, von Kinderhand gelenkt,
Dir, von Kindermund erzählt,
ist es eine Schöpfung, die wählt
solch reine Seelen,
die Erwachsenen gern noch erzählen,
von allem Zauber ringsum,
von Logik ganz dumm,
doch von Fühlen so tief,
das in uns schlief
längst viel zu lange,
oder vom Leben heut bange.

Wird wieder alles so kindgerecht,
so greifbar und echt,
ist, wie es neu zu erfahren!
An Lust nicht zu sparen,
wieder Entdecker zu sein,
lädt ein Kind Dich nur ein,
Pfade zu verlassen
und entgegen der Massen
unsinnig vergnügt
zu spüren, was überwiegt,
dann ist Dein Herz Kompass dazu...

Zieh aus Deine Schuh
und lauf über Wiesen,
von Pollen ruhig ein Niesen,
doch unvermindert im Leben,
kann es nur Verrücktheit geben,
die weiter uns zählt,
wenn sie alte Wege wieder wählt.

Und doch, neu in Abenteuern
mit wilden Ungeheuern,
wandern kleine und große Füße daher,
die Schritte nicht schwer
und Äste, die knacken bei Nacht,
wenn ein Mond vollrund dazu lacht
und der Uhu wohl ruft:
„Komm heim,
auch wieder Kind zu sein..."

So gib einem Kind die Hand
und lass Dich entführen
in sein Wunderzauberland,
wo Sterne den Boden berühren
und Du – frech, frei und wild,
mit lauter Unsinn im Schild –
wie Du es selbst als Kind gespürt,
wieder zum Anfang hingeführt,
Glücksgefühl springt in der Brust,
bei allem Atemverlust,
Du es wieder pochen fühlst
und Dein Leben mehr spielst
um Vieles viel leichter!

So weit reicht er –
Dein Horizont,
wo jeder Traum noch innewohnt,
nur fast vergessen,
doch nun unbemessen,
kehrt er zurück
mit allen Sinnen von Glück.

****

Glücksmomente

****

Wie Sonne und Mond

Wenn Sonne und Mond sich berühren,
vollrund ergänzen,
dann ist Ewigkeit zu spüren,
die uns Beide umkränzen
vermag zu Schatten und Licht.
Nichts, was sich widerspricht!

Der Pakt zum wahren Ring,
ein Ganzes aus Zweien
und ein Liebesding
darf sich freuen,
denn so rar, so selten
findet sich nur
eine Liebe, lässt gelten
in gemeinsamer Spur!

Und Zweie, die sich finden
zu einem vollendeten Wir,
die mögen verkünden
im schönsten Gespür
aller Welt ihr Strahlen
in Besonderheit!
Magische Zahlen
schreibt nun die Zeit!

Wenn Zweie sich begegnen
im allerhellsten Blick,
ist der Tag zu segnen
von günstigem Geschick!
Wie bei Sonne und Mond
schlägt's auch in unserer Brust,
weil inne uns wohnt
diese eine Lebenslust.

In Moll und Dur beizeiten
lieben wir uns heiter.
Auch Kleinigkeiten
bringen beherzt uns weiter –
Tag um Tag
und Stunde um Stunde!
Was Liebe vermag,
lächelt aus ganzem Munde.

Liebe bleibt ungetrübt,
ob Nacht mit ihren Schatten.
Was sich so sehr liebt,
kennt nur den satten,
prallen Genuss!
Sonnenschein an Tagen,
nichts wird Verdruss,
niemals mehr Verzagen,
auch wenn Regen einkehrt!

Alles mag ich erleben
ganz unbeschwert,
zusammen mit Dir wie ein Schweben
und wie Sonne und Mond in Fülle,
Sterne zum Mitternachtsblau,
scheint es göttlicher Wille,
passte alles so genau.

Was ich sehnte und fand,
mit Dir hat Suchen ein Ende.
Bindet uns lose und leicht
und so behände,
wie ein Wunder nur reicht!
Mit Dir nun gefunden,
mit Dir zum Uns geboren,
freu ich mich auf Stunden,
Zeiten nur uns auserkoren.

Zu unstillbarem Entdecken,
Wundern und Teilen,
Seele nie mehr verstecken,
hier und da auch ein Verweilen,
küssen wir uns wund,
rot, dass die Lippen glühen!
Dein schön voller Mund
lässt Sehnsucht mir ziehen...

Mein Herzschlag von Gestern

Mein Herzschlag von Gestern
begleitet mich noch durch heutigen Tag,
denn er war voll Glückseligkeit.
So ist es, dass ich heute alles vermag!
Mein Tag ist mir glänzend und weit!

Mein Herzschlag von seliger Zeit
macht mich freudig bereit,
jeden Tag leichter zu fassen,
manches wunderbar zuzulassen.

Mein Herzschlag in freudigem Wagen
macht mich hoffnungsgetragen
durch alle schwereren Zeiten.

Denn diese Herzensseligkeiten
geben mir Flügel von Kraft und Mut,
tun einfach so unsagbar gut!
Lassen mich tiefer und fassbarer leben,
mich weiter zu mir selbst hin streben.

Und plötzlich startet ein Neubeginn

Und plötzlich
wird ein neuer Moment geboren
Hin zu stillender Ewigkeit
In seliger Gewissheit
Schon mit einem ersten Schritt
Auf eine unbekannte Brücke zu
Die doch Ahnung schenkt
Und ein kleines Lächeln
Zu wahrem Verstehen hin

Ein sanfter Kuss zum Versprechen
Ein Halbes fügt sich zum Rund
Und nichts bleibt wie es war
Wirft alles um
Und sucht eine neue Fassung
Wo Unordnung der Gedanken
Wie Schmetterlinge im Bauch kitzelt
Und wie Sektperlen auf der Haut prickelt
Sich dann alles aufklärt zum tiefen See
Der Verstand sich überschlägt
Und das Herz beinahe zerspringt
Vor unbestimmter Freude

Und plötzlich
Wird jede Erwartung übertroffen
Die schon fast ad acta gelegt wurde unter der Rubrik
„Unsinnige Wunder gibt es nicht"
Da wo das Ankommen in einem anderen Herzen
Keine harten Erwartungen mehr stellt
Springt ein harter Wille
Zum Rhythmus leichter Melodien endlich schwerelos
Und lädt ein zum verrückten Tanz
Ohne feste Tanzschritte
Und findet sich doch in einem Schwung von Lust

Zu einem Gefühl zusammen
Das in Einklang mit allen längst vergessenen Gefühlen
Sich anders und besser empfindet neu

Und plötzlich
Geschehen Wunder
Wo Türen sonst verschlossen blieben oder zuknallten
Mit Wut mancher Verzweiflung
Und der Traurigkeit manchen Nichtgelingens
Und Fenster öffnen sich
Lassen friedvolles Licht und Freude herein
Ohne jedes Kämpfen
Sondern völlig freiwillig
Und ganz selbstverständlich

Als hätte man nie je um etwas gerungen
Oder kämpfen müssen
Nichts nach Niederlagen je zu Grabe getragen
Sondern nur im Garten gesessen
Den Jahreszeiten gefolgt
Um im Frühling mit dem Sonnenschein
Neu zu erwachen
Und im bunten Herbst
Alle Früchte endlich ernten zu dürfen…

Und plötzlich wird alles wahr!

Deine Liebe spiegelt sich

Schau in meine Augen!
Deine Liebe spiegelt sich in meinem Blick!

Alles was ich tue,
seit ich Dich kenne,
seit ich Dich liebe,
tue ich mit Dir im Herzen,
mit Dir unter meiner Haut gespeichert,
mit Dir in tiefem Seelenverstehen,
tue ich mit leichterem Sinn,
tue ich mit Bedacht,
in dem erhabenen Bewusstsein,
Dich stolz zu machen
und Deinem Maß
nicht nur gerecht zu werden,
sondern so viel Bewunderung zu ernten.

Selbst mache ich etwas falsch
oder ungenügend,
schaue ich zurück und
treffe ich mich in Deinem Blick,
sehe ich nichts als Zärtlichkeit,
neben vielleicht Bedauern,
vielleicht einer kleinen Traurigkeit,
aber nur,
weil Du mir so viel mehr wünschst
als mir oft gelingt.
Liebe wertet und misst nicht,
sondern spornt nur an,
oder schenkt Trost!

Liebe ist frei und bar
jeder billigen Erwartung,
jedes Besitzdenkens
und doch gerade darum
mehr Heimat und Ankommen
als jedes harte Halten
aus Eigennutz und Besitznahme
eines geliebten Wesens!

Liebe duldet keine Fesseln,
keine noch so lange Leine,
denn Liebe geht niemals verloren,
flüchtet nicht,
fühlt sie alle Wahrheit
um ihren besonderen Wert!

So schmiegt sich an
und erfüllt sich,
was zwei Seelen vollständig werden lässt
und doch
eigenständigen Wert nie dabei verliert!
Liebe ist einziges, großherziges Wunder,
was sich im Teilen nicht erschöpft,
sondern um so reicher anfüllt!

Der Krug der Liebe ist
stetes Geben und Nehmen.
Und schenkt mal der Andere mehr hinein,
wird der Inhalt dennoch gespeist
zum Genuss zweier Liebender,
die gemeinsam hingebungsvoll verkosten,
was ihre Liebe mit ihnen macht…

Sie

Sie war glücklich.
Ihr Garten war geheim,
doch sie ließ das Tor leicht angelehnt,
falls ein guter Freund einkehren würde.
Sie lebte für sich und genoss ihre eigene Gesellschaft.

Sie nannten es Einsamkeit.
Doch sie wusste, es war die Freiheit,
die sie brauchte wie Luft zum Atmen.
Sie schlenderte durch ihren wildwüchsigen Garten,
wo nur die wenig wichtige Ordnung herrschte,
um ihrem Gemüt Raum,
ihrem Schauen Genuss zu schenken.

Es blühten Margeriten dort und Duftwicken,
gelbe Himmelsschlüssel
und lila-blaue Glockenblumen,
wilde Rosen und Vergissmeinnicht,
Akeleien in allen Farben
und roter Mohn,
der ihr mit der Liebste stets war.
Sie atmete Lavendelduft tief ein,
aber wenn die Zeit der Lindenblüte kam,
schwebte sie berauscht wie auf Wolken
und träumte von der einzigen Liebe.

Sie bürstete ihr honigfarbenes Haar,
bis es Funken sprühte,
sich beruhigte und in langen Wellen fiel,
wie der springende Bach,
wo sie ihre Füße hinein tauchte
und leise kicherte,
so kalt und klar war das Wasser.

Forellen sprangen darin
und brauchten nicht zu fürchten
gefangen zu werden.
Handzahm kamen sie zu ihren weißen Füßen
und küssten sie sacht.

Ihre Einsamkeit war genau dies Maß an Melancholie,
die ihre Wesensart selbst zum Blühen brachte.
Dann war sie selten aufgelegt zu Besuch
und teilte ihren Garten nur mit denen,
die leise um Einlass baten,
an der Gartentüre geduldig warteten,
bis sie ihnen barfüßig und mit offenen Haaren
entgegenlief,
ein leichtes, weißes Spitzenkleid trug
und einen selbstgeflochtenen Blütenkranz ins Haar
gebunden hatte.
Dann lachte sie beglückt über manche Geschenke
und packte sie staunend aus.

Ihre liebsten Gäste brachten all dies und das mit,
wovon sie selbst im Überschwang besaßen
und ließen gut sein und gelten,
was ihr inne wohnte.
Der Tisch wurde gemeinsam gedeckt und geschmückt,
jeder tat etwas auch von sich dazu
und sie hatte Mandelmonde gebacken,
gefüllt mit selbstgemachter Marmelade
ihrer im Vorjahr gepflückten
und süß verkochten Brombeeren.
Sie stießen mit perlendem Erdbeersekt an
und Ingwertee löschte ihnen den Durst.

Als sie alle am Abend entließ,
brannten Laternen im Garten,
die auf Erden die Sterne ersetzten,
die noch auf sich warten ließen.
Sie spendeten warmes Licht,
was die Gesichter
zwischen Lilien und Rosen
schier glühen ließ,
ebenso wie die Blüten ringsum.
Jeder bekam eine Laterne seiner Wahl
mit auf seinen Heimweg geschenkt
und freudig überlassen.
Und wie sie gingen im Schein ihrer Laternen,
in Gelb, Orange, Rot und Purpur leuchteten,
war nur ihr Lächeln selbst noch schöner.

Was ist Glück?
Das Erkennen darum!

Sie war glücklich
und ihr Garten blieb wieder geheim
und unberührt.
Doch sie ließ das Tor leicht angelehnt,
bis zum nächsten Mal
einer so besonderen Feier.

Sie lebte für sich und genoss ihre eigene Gesellschaft.
Sie nannten es Einsamkeit.
Doch sie wusste, es war die Freiheit,
bereit zu sein für lieben Besuch,
ihn aber nicht zu missen,
noch zu begehren,
um mit sich selbst zufrieden zu sein...

UNSÄGLICHER WILLE

Unsäglicher Wille,
herausgekitzelt aus erstarrter Stille
von Verharren und Warten.
Alle Gefühle, die aufgesparten,
wirbeln wild wie neu.
Und bevor ich mich wissend daran erfreu,
lache ich schon
in fast fremd gewordenem Ton
von sinnlichem Vergnügen.

Es kann nicht länger mich trügen –
und zeigt sich so strahlend und hell.
Mir wieder zu eigen, zur Stell,
meine Lebensfreude, so müd geworden
vom langen Seelenmorden,
doch nun unabdingbar erwacht!
Sommerlich springend, gut gemacht.

Unsäglicher Wille,
tritt heraus aus Dunkel und Stille –
und findet atmendes Leben,
so viel und reichlich wieder zu verschenken
und zu vergeben…

Glückselige Augenblicke

Glückselige Augenblicke
erwärmen und erhellen die Seele,
so wie die Sonne die Blüten.
Sie strecken sich ebenso dem Licht entgegen,
öffnen ihre Blütenblätter,
verweigern sich nicht,
sondern laden sich wohltuend auf
und lächeln strahlend zurück…

Freudefunkelnde Seelen besitzen eine solche Kraft,
die ihrem Umfeld Leben und Liebe einhauchen kann,
denn sie haben so viel zu geben.
Darum verschließe Deine Seele,
Dein liebesfähiges Herz
niemals vor glückseligen Augenblicken!

Die Vernunft mag Dir oftmals sagen: „Zu gefährlich!"
Dein Herz wird Dir sagen: „Ich möchte mich erwärmen!"
Glückselige Augenblicke mit tiefem Seelengespür erkannt,
schauen wahrhaftiger als jede eiserne Vernunft!

Still bei mir

Still ruht der See und glänzt
von Mondlicht zart umkränzt,
wogt leise unterm Abendhauch.
Irgendwo her kommt Lagerfeuerrauch.
Doch ich spüre der Linden Blütenduft
heraus als meine Luft.
Nichts hat mein Herz je mehr zum Hüpfen gebracht,
wie der Lindenblütenzauber es stets mir macht.

Liebeslust und Träume ziehen
mit ihm daher und Sorgen fliehen.
Bei so viel Zauber kann sich kaum mehr halten,
was mich zwängt an Alltagsgewalten.
Ich träume und sinniere –
und was ich wieder spüre
ist mein ureigenstes Ich!
Nie war ich näher bei mir so sicherlich...

Der Traum einer Rose

Der Traum einer Rose
ist es nur, voll zu erblühen,
mit ihrem schönsten Duft
Jeden zu locken, zu betören und zu berauschen,
der sie erblickt und würdigt.

Sie will nicht geschnitten sein,
sie will nicht in einer Vase vergehen,
sondern im Licht der Sonne frei glänzen
und strahlen bis zu ihrem letzten Tag.

Ihre Blütenblätter mag sie dem Wind schenken
und diesen sich gern zum letzten Liebsten nehmen.
So wirbeln ihre Blütenblätter frei und ungestüm,
sinken zur Erde und vergehen.

Ihr Stock kann so manchem harten Winter
trotzen – und geduldig ausharren.
Denn allein ihr Wissen um ihre Gestalt und Schönheit
erhält ihr den unbeirrten Willen,
einem neuen Sommer entgegen zu sehen,
um neu zu träumen...

Schmetterlinge

Immer wie beschwipst
Im Moment des Fluges
Flügelleicht verrückt
Torkelnd im Flattern
Ohne jeden Ernst
Ohne jede Schwere
Obgleich ihr Leben
Nur einen Sommer währt

Schauen nicht zurück
Nicht nach vorn
Fliegen im Moment
Tauchen ab
Von Blüte zu Blüte
Jede einzelne Nahrung
Für einen Tag
Ein Regenschauer wird
Geschützt abgewartet
Bis die Sonne wieder scheint

Jeder gelebte Tag
Das eigentliche Wunder
Und Abenteuer
Ein Morgen kommt
Oder kommt nicht…

Ach Du unsinnig glücklicher
Schmetterling!

Schmetterlingsflügel so leise

Ungehört, sanft gleitend,
ist Schmetterlings Flügelschlag.
Torkelnd im Wind gleitend
in manchen Sommertag.

So ringt er nicht,
so kämpft er nicht,
Leben nur Wärme und Licht,
Leben ist Sommergesicht.

Fragt nicht nach einem Morgen,
schaut nicht nach einem Gestern,
ist ohne Zukunftssorgen.
Ach, wären wir doch Schwestern!

TRAUMTÄNZERIN

Traumtänzerin möchte ich sein.
Hierzu fallen mir nur Schmetterlinge ein,
diese lichtdurchstrahlten Wesen.
Sie fragen für nichts um die Spesen
und fliegen so traumtrunken leicht,
soweit ihnen jedes Blütenmeer reicht.
Sie fliegen so hoch, wie die Sonne nicht brennt
und so abenteuerlich, wie keine Gefahr sich erkennt.

Ja, eine Traumtänzerin möchte ich sein so gerne,
pflückte mir Blütensterne
hier auf Erden ohne beständige Schwere
und erfüllte mit Duft diese Leere,
die ich nicht zu fassen vermag,
aber nun schwebend und genussvoll ertrag…

Yeah! Guten Morgen!

Heut stelle ich meinen Kompass auf Zufall
und schnalle mir die Flügel der Sorglosigkeit um.
Dann bestelle ich mir einen sanften Wind der Zuversicht
für meinen Flug Richtung Abenteuern…
Ich steh hoffentlich mit dem rechten Fuß auf
und spring über manchen grauen Schatten.

Frühlingslicht lacht mir lockend entgegen
und ich lache beherzt zurück.
Heute bin ich vogelfrei für das Glück,
was mich ruhig finden mag!

Ich bin längst mit allen Wassern gewaschen
gegen den Schweinehund,
der so oft alles in andere Richtung verdrehte,
die Enttäuschung mir brachte!

Ich erwarte nichts, rechne mit vielem –
und schau mal, was der Tag mir zu bringen vermag…
Er darf auftischen reichlich,
denn ich bin wach und hungrig!
In dem Sinne picke ich mir zuerst heraus, worauf ich Appetit habe,
lasse das liegen, was mich nicht begeistert –
und überesse mich nicht, um fröhlich beweglich zu bleiben –
und einfach flügelleicht!

Dann nur noch kurz vorm Abheben:
Nicht starr gegenlenken,
sondern einfach mitfliegen mit dem Wind,
dessen Richtung offen mir bleiben mag,
denn meinem Staunen und meinem Wundern
überlasse ich das Ziel!

Auf gehts!

Wenn Zweie sich begegnen

Wenn Zweie sich begegnen
und miteinander Eins sind,
dann ist der Tag zu segnen,
wo sie sich fanden blind.

Wenn Zweie miteinander –
und dennoch ganz sie selber bleiben,
dann wächst man aneinander
und lässt die Seele treiben.

In einem Ganzheitsgefühl
einig zu werden – und auch sein zu lassen –
ist ein so seltenes Ziel,
dass kann so nur einmal passen.

Drum fühle sich ein Jeder tief gesegnet,
dem dies passiert, geschieht.
So Vielen ist es nie begegnet,
dass eine Liebe in zwei Herzen zieht.

Wenn Zweie sich begegnen
und fügen hin zum Ganzen,
dann ist es wahrlich Segen,
wenn sie miteinander tanzen
allein zu ihrem Klanggebilde!

Ein Rhythmus findet Schritte,
wird leicht und milde
hin zur einen Mitte.

In Glanz und Gloria
fassen sie sich bei den Händen
ganz wunderbar
und lassen es zart dabei bewenden,
sich nichts als gut zu sein.

Finden sich zur Ewigkeit
und nichts hält sie mehr klein.
Auf immer reinste Harmonie und pure Endloszeit...

****

Sinnlichkeit des Glücks

****

Sinnlich fließende Zeilen

Sinnlich fließende Zeilen,
lasse sie zärtlich im Herzen verweilen –
bevor ich sie versenden möchte – an Dich;
umweben meinen Morgen so wunderlich,
so neu, so warm, so reich.

Ich spürte sogleich
vom ersten Zeilenton,
ich kannte Dich schon
aus uralten Zeiten.
Doch diesen Weg des lustvollen Bereitens
gehe ich wieder wie neu
und wie ich mich an ihm erfreu,
gehe ich schrittweise Dir entgegen.
Sehnsuchtsvoller Segen,
ich pflücke ihn rechts und links vom Pfad.

Ich spüre um den taumelnden Grat,
der mich wach und schwebend macht,
während mein Herz vor Freude lacht.
Und so pflücke ich erkennend Blüten
nur mit meinen Sinnen, welche sich bieten
reich und bunt und schön.
Ist wie über einen Teppich zu gehen,
blütenreich bestickt.

Und Jeder, der mich erblickt,
sieht mich erstaunt unwirklich an.
Ich sehe in der Ferne nur den einen Mann,
der schief lächelnd mich kommen sieht,
nichts erwartend, was geschieht,
seine Arme öffnet zum Empfang
eines gemeinsamen Suchens und Findens entlang…

Ich erkenne Dich

Ich erkenne Dich!
Es spürt sich an so sicherlich.
Du scheinst mir so vertraut –
hast mit wenigen Worten
eine Brücke zu mir erbaut
von Deinem hin zu meinem Herzen.

Du streichelst hinfort manche Schmerzen
allein mit Worten, liebevoll über Narben,
die schon so lange reißen und darben.
Sie erzittern in Freude unter Deinem Berühren,
da sie Beleben erspüren
zu neuer, empfindsamer Haut,
die wieder heilt, spürt und vertraut.

Deine Worte erwecken bei mir
ein ahnend erkennendes Gespür,
dass unsere Seelen sich schon kannten,
im Kreiseln kurz nur abwandten
zu einer Wiederkehr,
ganz licht und leicht nach schwer.
Wenige Worte – und weniger Taten,
die sich Gehör bei mir erbaten –
klingen nun leise, doch fassender nach.

Meine Seele, der Deinen nun hellhörig wach,
hört erwachend zwischen den Zeilen,
dass unsere Seelen lang schon kennend verweilen
in diesem Seelenwellengang.
Anfang und auch Untergang
lassen uns aneinander reifen,
mit jeder Wiederkehr neu erfassen und begreifen…

Ich erkenne Dich!
Es spürt sich an so sicherlich.
Du bist mir so vertraut,
wie nie so wahr geschaut.
Ich erkenne Deinen Wert,
nicht hart, sondern unbeschwert
und Du erkennst den meinen.
Du und ich, wir scheinen
uns mehr um mehr zu finden.
Mit Dir ist Verbinden
ein Puzzle zur Gänze hin.
Erkennend macht Sinn,
fügt sich Teil um Teil,
ohne jede Hast und Eil,
das fertige Stück
vom unnachahmlichen Glück!

Ich lieb Dich mehr

Ich lieb Dich mehr
als Worte nur sagen,
weil Worte lügen können,
wie warmer Wind im Januar.

So lass ich der Worte
und sprech nur durch Küsse,
schmiege mich zärtlich Dir an
und liebe Dich ganz echt.

Ich lieb Dich heißer
als Sonnentage,
weil Sommer frieren können,
bist Du nicht da.

So schenk Du mir die Hitze,
ich antworte Dir mit Glut,
so wie ein Feuer mag nur brennen,
wo Zwei als eine Flamme sprühen.

Ich lieb Dich echt,
ich lieb Dich ewig,
weil Zeiten enden können.
Das Jetzt ist wunderbar.

So lass uns einfach zeitlos spüren,
dass Liebe ewig ist.
Bin ich mit Dir zusammen,
ist nichts, was daran misst.

Ich lieb Dich schon
seit Ewigkeiten,
nehm Dich mit durch Zeit und Raum,
wo andre Uhren ticken.

So sind wir selbst
Geflecht aus lauter Liebesfäden
und weben wir daran nur fort,
endet dieses Flies wohl nie.

Ich will Dich mehr,
als alles je zuvor Erwünschte
und lass Dich doch ganz lose,
leicht, weil Du mir frei gewogen bist!

So lassen wir uns Flügel
und spannen doch das Netz,
weil Heimatort im Fallen
uns Raum zum Atmen lässt.

So lieb ich Dich mehr
und weiter immer noch
und freue mich schon darauf,
was bereits wissend in der Zukunft liegt.

Den Hauch von Ewigkeit mit Dir erspüren

Den Hauch von Ewigkeit
kann man oft nur lose erhaschen,
kann man nicht hart erringen, fest halten,
wild jagen oder gar knechten und binden.

Uns mag der Ring endlos sein
im Erfahren beidseitiger und gemeinsamer Liebe!

Der Hauch von Ewigkeit,
er ist im Wimpernschlag
eines seligen Lächelns flüchtig,
doch echt zu erkennen,
ein wahrhaft geliebtes Gesicht
einfach nur funkeln lässt.

Wir beide lachen in einem Ton,
der unser Lied wohlklingend reich macht!

Dieser Hauch von Ewigkeit
ist in manchem Lichtstrahl zu spüren,
auf der heiß sehnenden Haut
bis in Schichten zu erfühlen,
wenn sie unter Berührung prickelt,
weil sie nur vom Einen so gestreichelt wird.

Du bist mein Lichtstreif,
der mich mitzieht zu neuen Horizonten!

Ein liebevoll bereitetes Mahl,
gemeinsam genossen unter Kichern, Lachen, Kauen
und Worte flüstern,
die nur liebende Seelen verstehen,
ist ein weiteres Stück vom Himmelreich mit Dir!

In Tanz, Genuss, Gesang, Lachen,
Küssen, Schmecken Riechen,
Fühlen, Schenken, Annehmen,
Wirbeln, Lusterfahrung,
ist in unzählbaren Spuren
all jenes vom Ewigkeitshauch.

Verdoppelnder Genuss bist Du!

Was gemeint flüchtig und doch erfüllend
Spuren vom Lieben hinterlässt,
im Sommer wieder fühlbar leicht ist
und doch immerdar und ewig
unter der Haut all das nachhaltig speichert,
so wie geritzte Rindenworte
nur oberflächlich verwittern,
aber in Allem weiterklingen.

Alles was Glück mir bedeutet,
ist auch Dein Glück.
Dein Glück schenkt mir Herzklopfen,
dass ich grinsen muss
breit und mitreißend
für Alle ringsum.

Wie ich keine schönste Blüte mir pflücke,
um sie traurig in eine Vase zu stellen,
will ich Dich blühen, wachsen
und gedeihen sehen
im Licht unserer Liebe
und nur Freudentränen
sollen Wasser spenden!

Liebe ist…

Liebe ist
ein scheuer Gast,
der alles Grobe und Verletzende hasst.
Behutsam reist sie durchs weite Land,
Gepäck voll Zauber an der Hand.
Auf dem Kopf ein großer Hut,
bestückt mit Lust und Wagemut.
Und an einer langen Leine
Sehnsucht, große und kleine.
Leise klopft sie von jetzt auf hier,
plötzlich auch an Deine Tür.
Mach ihr auf und sei gewiss,
Liebe kennt kein Hindernis.
Klopft Dein Herz auch jetzt ganz wild,
Seele fühlt ganz weich und mild
tieferes Verstehen.
Manches wird geschehen.

Lass es zu und lass es sein,
lass das Glück zu Dir hinein!
Liebe ist ein Abenteuer,
erst mal wieder nicht geheuer.
Doch niemals Angst vor Scheitern,
Liebe gehört den Wegbereitern!

Du streichelst meine Seele

Du streichelst meine Seele sacht,
sie ist unbändig aufgewacht.
Sie, die so lange lieblos lag,
brach und unbesehen, vermag
nun ihre Flügel doch zu strecken.
Dein unverhofftes Wecken
macht sie kichern und lachen.
1001 wunderbare Sachen
wirbeln durch ihr Gemüt.
Und während Melancholie sich verzieht,
schlüpf ich in ein buntes Kleid,
zu Feiern und Lieben bereit…

Meine Seele
erbebt unter Deinem Blick
und findet solches Geschick,
sich einfach neu zu verschenken.
Mein kopfgesteuertes Denken
wird betäubt und doch hellwach.
Alle Sinne nicht mehr brach,
sie wirbeln und fliegen!
Können nicht genug davon kriegen,
bis zu den Sternen hoch hin,
in leicht lusttaumelndem Sinn,
und kommen dann zurück
mit Sternenzauber von Glück…

So streu ich Sternenglitter rings herum,
Nichts ist uns albern oder dumm.
Wir beide sind Kinder in Glanz
und unser leicht geführter Tanz
lädt uns Gäste noch hinzu.

Diese geben nun nimmer mehr Ruh,
denn sie heißen Sehnsucht und Verlangen.
Und in einem Haschen und Fangen
dreht sich unser Liebestanz,
losgelöst, so frei und so ganz
ohne jedes Zeitgefühl,
Erfüllung uns zum Ziel…

Meine Seele schwingt und lacht.
Du hast sie ganz wunderbar durcheinander gebracht!
Und doch findet sie Heimat endlich bei Dir,
so sicher in Herzens Gespür
und weiß um dies eine Teilen,
miteinander ewig gern zu verweilen…

Dein Gesicht ist mein Himmelreich

Dein Gesicht ist mein Himmelreich
und Deine Augen sind mir Sterne.
Dein Mund ist vollrund mir der Mond,
Deine Stirn mir zärtlichster Raum.

Dein Gesicht ist mein Himmelreich
und niemals mögen Deine Augen
salzige Tränen weinen,
wo ein Lachen Besseres bewirkt.

Klar steht Dein Blick zu mir
und trifft auf mein Innerstes.
Mein Inneres stülpt sich Dir entgegen
und nur Du weißt es so sanft zu sehen.

Nichts, was unausgesprochen bliebe,
wo auch der Mund verschlossen
Stille weiter sucht.
Worte schreiben unter Rinde tiefer.

So schaust nur Du mein Herz,
ich Deines ebenbürtig.
Herz an Herz liebt sich fest,
was allein nun einsam bliebe.

Und wo der Verstand eher trübt,
was Seelen längst fühlen,
bleibt hinter Wolken nicht verhangen
wärmendes Liebesschauen.

Jede Eiseskälte schmilzt sich fort,
die unsäglich gefangen hielt,
was endlich neu erwacht,
blühen und gedeihen will.

Wenn Dein Gesicht mein Himmelreich ist,
sind Deine Augen mir Sterne
und Dein Mund Honigtau am Morgen,
wo der Abend sein Parfum versprühte.

Allem huldige ich so gern,
wie ich auch mir wieder Huldigung zuteilwerden lasse.
Untrennbar ist das eigene unbeschadete Wesen,
um Dir Liebstem auch das ganz Wunderbare vor Augen zu führen.

Licht und Liebe sind verschmolzen
wie dies Du und Ich
unserer Spätsommerliebe,
die das rechte Maß nun maßlos erfährt.

Mein Gesicht mag mit all seinen Facetten
auch Dir Himmelreich sein
und jede Freudenträne
schwingt sich mit dem Wimpernbogen hoch empor.

Liebe ist mit Dir neu geboren
und obgleich ich früher schon liebte,
erhält sie erst heute ihr in Marmor gemeißeltes Gesicht,
mit jeder zusätzlichen Struktur ihr Himmelreich.

Jede Narbe, jede Furche von Kummer,
verschwindet nunmehr unter neuem Bilde,
was nur Lachfalten schaffen
und sinnliches Lächeln zaubert...

Ich mag Dein Rosengarten sein

Ich mag Dein Rosengarten sein,
verstehst Du mich zu pflücken
nur mit Augen ganz allein.
Ich mag dich ebenso verzücken,
wie Du mir Beifall zollst.
Mag Dir blühen und gedeihen,
wie Du Dir Staunen holst.
Nur könnt ich's nicht verzeihen,
lässt Du mich unbedacht dann fallen,
wie leicht gepflückte Blüten,
die ohne Sinn zu zahlen,
Dir wohl weiter nichts mehr bieten…

Ich mag Dir Rosengarten sein,
mag Dir duften und auch glänzen!
Und werd ich Dir nicht fad und klein,
mag ich Dich innig sacht umkränzen,
bis zum allerletzten Tag
Dir weiter zärtlich blühen.
So wie ich mich Dir öffnen mag,
wenn unsere Seelen ziehen,
in einem Duft, in einem Klang,
gemeinsam dahin schweben,
werd ich voll tiefem Herzens Drang,
meine ganze Schönheit Dir nur geben…

Du bist mir Segen oder Untergang

Du bist mir Segen oder Untergang,
treibst zielsuchend an meiner Küste entlang –
und setzt schließlich Anker an meines Ufers Gischt.
Schaust in meiner Sterne Angesicht –
und findest mich wohl strahlend.

Deine Maut gern an mich zahlend,
mit diesem zärtlichen Lippenlächeln,
Ausdruck Deiner Augen, die Lust zufächeln,
mich Dir entgegen zu werfen, zu schmiegen,
meine Wellen tragen und besiegen
jeder Starrheit Last.

Während Du das Ruder fest umfasst
und hin lenkst zu schönster Mündung,
ist es mir wogend und brausend Findung,
mit meinen geschützten Inselseiten
Dir innigst Ankommen zu bereiten.

Während wilde, lustgeführte Wellen,
am Schiffsrumpf stöhnend zerschellen,
erhebst Du mich oder ich Dich
bis zu unserer beider Sternensicht,
die sich auflöst - und mit der Welt Bild bricht,
zu eben solch bunten Facetten,
die keine Strahlen mehr knechten und ketten.
Frei in sinnlichem Erheben und Wagen,
wird mein Wellenspiel Dein Schiff so willig tragen…

Du streust mir Rosen in mein Gemüt

Du streust mir Rosen in mein Gemüt,
legst einen roten Teppich aus,
auf dem ich kaum zu schreiten wage.
Doch Du ermunterst mich, lässt mich schweben
und lächelst mir stolz und aufmunternd zu,
dass ich mir alles verdient habe.

Du sendest Glücksstrahlen in meine Stimmung,
Schäfchenwolken in düsteres Gemüt,
die mich sanft trösten,
mir jede Härte zu Weichheit verwandeln,
meine bunten Facetten heraus streicheln
und mich ins Licht erheben,
zur Königin werden lassen,
in diesen leichten, geliebten Zeiten
und ihrer wunderbaren Güte.

Du schreibst mir all jene
unaussprechlichen Worte
tief unter die Haut,
die mich sinnlich berühren und
auf ewig weiterschreiben,
verstehend und begreifend,
weil es Seelenworte sind.

Du liebst Dich nicht bloß an mir fest
und in mich hinein,
sondern in einer Art und Weise,
wie es Keiner je so tat,
machst Du mich gleichzeitig berauscht
und hellwach für mich selbst.
Du machst mich sehn- süchtig danach,
im puren Erleben nie damit aufzuhören.

Du schenkst uns aus,
füllst unser beider Gläser.
Unerschöpflich quillt,
was sich nicht entleert.

Dieses wundersame Austeilen
reichert den Krug nur weiter an
und füllt ihn schöner auf
mit unserem Lieben,
so wie auch ich fließen lasse,
was uns beide speist
in gegenseitigem Verschenken.

Du nimmst mir den Atem,
entmachtest mir die Kontrolle,
raubst mir schier den Verstand.
Meine letzte Gegenwehr schwindet
und doch habe ich mich nie gestärkter,
reicher und sinnlicher je gefühlt,
neu zu Schöpfen aus dieser Selbsthingabe.

Du pulsierst in meinen Adern,
durchströmst meinen Körper,
erwärmst mein Herz,
schenkst meinem Wesen Verstehen,
meinen Worten Glauben,
meiner Verrücktheit ein zärtliches Lächeln jederzeit
und schenkst meiner Seele
ihren freien Flug zu Höhen hin.

Du bist mir dabei der Hafen,
sollte ich stürzen oder notlanden.
Doch wirfst Du mich hoch
in ein Vertrauen hinein,
was sich dem Wind nicht unterwirft,
sondern ihn sich zum Antrieb nimmt,

um von oben frei im Flug zu betrachten,
wie reich das Ankommen
auf immer sein wird,
nur mit Dir...

Sommerregen

Es klingt wie ein Sommerregen,
wenn Du lachst.
Du prasselst bis tief in meine Seele
und es fühlt sich so wunderbar richtig an.
Du spendest mir Leben,
wo ich lange karg lag
und ich blühe so gerne für Dich,
wenn Du mein Ich so herrlich begießt.

Es bebt und birst
mein verschlossenes Herzenstor
und schenkt Dir aus freien Stücken Einlass,
weil es nicht einmal anders kann und will.
Ich widersetze mich dem und Dir nicht,
denn Du heilst meine wilden Wunden,
wie warme Tropfen
vom Staub reinigen und befreien.

Nur Du klingst wie warmer Sommerregen
und es klingt bis in meine Seele hinein.
Streichelst mein wehes Herz so glatt
und umarmst mich bis in Schichten,
die nur Dir so offen liegen.
Du dringst in mein Gemüt,
machst alles gut.

Und ich strukturiere mich nun neu
in Deinem Lebensspenden,
mir selbst nie so erkennbar
wie heute in Deinem Blick,
der mir sagt:
„Du brauchtest nur endlich Liebe.
Alles andere besitzt Du längst schon!"

So bin ich vielleicht noch der Schwamm,
der von Dir zehrt,
Dich aber nicht dabei auszehrt
und nur von Dir nehmen will.
Tropfen um Tropfen,
den Du mir ausschenkst
wie einer dürstenden Wüste
den lang ersehnten Regen,
soll Dir schönste Oase um Deiner Selbst Willen sein
und uns werden!

Du bist meine Sonne

Du bist meine Sonne, die mich wärmt und tröstet,
meinen Geist erhellt.
Du schaffst es, Lichtstrahlen durchs Dunkle zu senden
und Dich mir anzuschmiegen,
ohne mich zu verbrennen.

Du erhitzt meinen Körper, umschmeichelst mein Gemüt
und lässt mich erbeben, wie Du mich so streichelst
und zu lieben verstehst.
Du bist meine lang ersehnte Sonne
unter so tief Ersehntem.

Du weckst mich jeden Morgen mit Deinem Strahlen,
selbst wenn die Sonne verhangen und verborgen liegt.
Du streichelst meine Seele wach, die nie mehr lieblos liegt,
und vermagst es, mit Deinem Lächeln
mein gesamtes Ich zu berühren.

Ich liebe das Licht und ich liebe Dich immerdar,
solange ich Dir und der Welt
selbst Leuchtkörper sein darf.

Du bist mir meine Sonne,
so persönlich, so innig, so unvergleichlich
und nichts hält mich zurück,
Dein Strahlen aufzunehmen und zurück zu senden,
so gut ich es vermag!

Tänzerin im Licht mag ich sein und bleiben,
solange es Liebe gibt!
Du bist der Atem dazu, wild und frei mich zu fühlen.

In Deinen Augen

In Deinen Augen erkenne ich mich wieder.
Ich sehe Deine wahre Schönheit,
die Verletzlichkeit Deines Wesens,
Deinen unverbrüchlichen Mut,
Deine sanfte, beharrliche Stärke,
meinem Blick nicht auszuweichen.
Wagemut der Seele!

Ich erkenne
die leise Tapferkeit Deiner Seele,
die stolz und erhaben
sich mir verschenkt,
trotz der Angst vor neuer Verletzung.
Du hältst mir Deine Narben hin,
hoffst, dass ich sie gesund streichele.
Tapferkeit der Seele!

Ich sehe Dein wildes Sehnen,
Deine ungestillte Lust,
die mit sich kämpft
und doch ihr Verlangen erschöpfen möchte.
Fluss der Sinne sucht sein Ufer,
seinen Hafen.
Sinnliche Seele!

Ich sehe Deine unglaubliche Sanftheit
und Deinen rauen Zorn,
Deinen ungebrochenen Willen
und Deine leise Müdigkeit,
nicht weiter kämpfen zu wollen,
doch Dich dem Aufgeben,
mehr denn je abzuwenden.
Gleichgewicht der Seele!

Ich sehe Dein strahlendes Licht,
das klar und facettenreich ist,
nach außen greift und Gleiches sucht,
um sich im Licht des Gegenübers
besser selbst zu erkennen.
Spiegelblick der Seele!

In Deinen Augen
erkenne ich so viel von mir,
obgleich Du ein so anderes Ich bist!
Du spiegelst mir eigene Gefühle,
die ich lange unterdrückte,
füllst sie neu an und aus.
Puzzleteile der Seele!

Aber immer erkenne ich mehr und mehr
in Deinen Augen Deine unerschöpfliche Liebe!
Offenbarung aus dem Loslassen heraus,
Deinen Blick nicht vor mir zu verstecken,
sondern in meinem tief einzutauchen.
Fluss der Seelen!

Im Zeitlosgespür

Wenn Du mir nahe bist,
legen sich all meine Sorgen klein zusammen
und verschwinden nahezu ganz,
schleichen sich auf Zehenspitzen
aus unserem Uns hinaus und
schließen lautlos die Türe hinter sich.

Leg Dich zu mir und
ich schmiege mich so nah an,
dass kein Blatt Papier zwischen uns passt
und keine Scheu, Angst und Sorge.
Kein Gestern besitzt nun noch Macht
und kein Morgen ist schon zu erahnen.

Ich halte Dich warm und geborgen
und lausche Deinen Atemzügen.
Dein Herz klopft an meinem
und der Takt ist Liebesmelodie,
wie sie nur von uns
so berauschend klingt.

Wenn Du leise lächelst,
geht mein Herz weit auf
und meine Seele vibriert Dir entgegen.
Ist Lächeln ansteckend?
Ich liebe diese Form von Ansteckung
unseres andauernden Lachens.

Jede Faser meines Herzens,
jedes bloße Seelenerkennen,
umschließt Dich sanft mit ein
zu einem gesamten Verstehen,

was auch mich innig betrifft,
trifft mitten in mein eigenes Verstehen
und erkennt sich im Spiegel Deiner Augen,
wie Du Dich in meinem liebenden Blick.

Alles ringsum
wird endlich ganz und heile,
schöner erkennbar
und fühlbarer,
seit Du mich begleitest
durch mein einsames Ich.

Wenn Du lachst,
lachst Du leise und glucksend vor Vergnügen,
nicht einmal laut bislang,
sondern aus der ganzen Tiefe
Deiner Gefühlsfähigkeit.
Dann lache ich automatisch mit,
denn es fühlt sich einfach wundervoll an.

Als würde es jedes harte Weltbild verrücken,
aus den Angeln heben können
und mit Leichtigkeit spielen,
die wieder neue Flügel hat.
Nach manchen Stürzen
erfährt alles Genesung nun.

Wenn Du mir so nahe bist,
wie es näher kaum mehr geht,
umschließe ich Dich heilig
mit meinem ganzen Sehnen,
so dass Sucht nur mehr bedeutet,
nicht länger zu suchen,
sondern reich zu finden.

In Deine Arme,
die meine Welt bedeuten
seit ich Dich kenne,
tauche ich ein
ohne zu ertrinken,
atemlos und doch neu Luft schöpfend.

Ich atme Deinen Duft,
der sich dem meinen umschmiegt
zum Bouquet höchsten Genusses.
Erfüllung wird besiegelt
in Erkennen, Tasten, Riechen und Schmecken
und nichts ist mehr so,
wie es vorher war.

Leg Dich zu mir,
schmiege Dich in mich hinein
und ich halte Dich
lose und fest umfangen,
so lange Ewigkeit
Bedeutung für uns erhält
im Zeitlosgespür...

Catch me, if I fall

Fang mich auf, wenn ich falle,
wirbele mich hoch, wenn ich sinke
und schaue mir in die Augen,
wenn Du sagst, dass Du mich liebst!
Verliere Dich ruhig ein wenig in mir,
so wie ich mich an Dich vergebe!
Doch lasse uns gemeinsam finden,
was Seelenliebe heißt!

Atme sinnlich meinen Duft,
so wie ich den Deinen aufnehme!
Trinke von meinem Kuss,
so wie ich Dich schmecke!
Ich verschenke mich Dir
und Du verschenkst Dich mir,
doch unser Geschenk
sind WIR zuletzt…

Duft und Dornen

Du atmest meiner Rosenblüte Erwachen
Und ich rieche Dich
Wie kerniges Holz
Im Herbstbunt
Aller Gefühle
In einem einzigartigen Vermischen
Von Blüte und Holz
Im Vergehen alter Sommertage
Zu Abschied und Neubeginn

Erde und Himmel
Sturm und Windstille
Sonnenlicht und Sternenfunkeln
Winter und Frühling
Verlust und Gewinn
Unseres Atemholens
In der wild rohen Erkenntnis
Dass alles Wandel und Werden ist

Unser Duft ist Alles
Und nichts Vergleichbares
Sowie unser Spüren
Und Hingeben
Hinnehmen
Ein Flügel vom Rumpf
Der Gegenseite zu sein
Der tragend hält und hebt
Zum Ganzgefühl
Unseres Liebens

Was ich wahrhaftig will
Bist Du
Ohne mich dabei zu verlieren
Ohne Dir Deine Eigenart

Entreißen zu wollen
Wenn unsere Leiber und Gefühle
Sich outen
Als Füllhorn zum Uns

Und wie Du anerkennst
Mehr um mehr
Nicht als Sünde
Nicht als Fluch
Dieses Uns
Vielmehr als magischen Zauber
Den ich mich verabscheue als Physik
Weniger noch
Als einfach Zufall zu benennen

So wie ich anerkenne
Und darum weiß
Dass dieser Augenblick unvergleichlich
Zur Ewigkeit gehören muss
Ist alles Verstehen

Ich atme Dich
Und vergehe darin
Sowie ich mich in Dich hinein liebe
Um mich besser zu spüren
So Sinke ich tief
Und löse mich auf
In diesem schmerzlosen Ertrinken
Das Ende und Anfang
Zu einem Ring werden lässt

Wie aus Dornen gebunden
Mit Blüten reich bestückt
Zum Kleinod einer Liebe
Wirkt sich ein Stoff
Der seine Gefährlichkeit nicht verbirgt

Nicht seine Angst um Verlust
Aber gerade mit all dem Wissen darum
Und wofür
Zur Kunst erhebt

So dass Sehnsuchts - Flügel
Und Zügel lose gehalten
All das frei lassen
Was ungebändigt bleiben soll und will
Bis atemlose Erschöpfung
Sich im Traumfänger
Zur Ruhe begibt
So wird sich all das erfüllen
Was ohne Erfüllung lieber sterben möchte
Als allein lieblos weiter zu gehen ...

Nackt in Deinem Blick

Ich stehe völlig nackt vor Deinem Blick
und lege alle Schichten und Masken ab.
So stehe ich bar und ungeschützt vor Dir.
Mit jeder Schicht meines Schutzmantels,
die ich abstreife, zu Boden fallen lasse,
bin ich fragend, zögernd, doch bereit,
mich dem zu stellen,
was Deine Reaktion auch bringen mag.
Wirst Du meine Farben erkennen
unter all dem Staub der Jahre?
Verletzlich und ungeschützt
mag ich Dir gegenübertreten,
denn nur so erfahre ich meinen Wert
in Deinem Blick.
Ich frage mich, ob Du Dich doch zu guter Letzt
abwenden wirst, Dir etwas missfallen wird,
Du anderes erwartet hast.

Doch ich schaue fast ungläubig zu Dir hin.
Deine Augen strahlen mich an, Dein Mund lächelt
unverwandt, nein, sich steigernd, fröhlich und ehrlich.
Deine Augen lachen mit, ein glaubwürdiges,
fast beschämend echtes Lachen.
Du erkennst mich, Dein Erkennen geht hinweg
über meine Haut, streichelt sie, liebkost mein Außen,
doch es scheint, Du erkennst mehr noch.
Du siehst das verletzbare Mädchen in mir,
wie die eigenwillige Frau, die das Leben geprägt hat,
mit Narben, aber auch einer Weisheit,
die nicht immer leicht und schadlos zu erlernen war.
So stehe ich also nackt vor Dir, mit Schrunden und Schrullen
vom Leben, Lieben und Leiden,
doch auch noch das ewige Kind,
das nie aufgehört hat, an Wunder und Zauber zu glauben,

an Schicksal, Bestimmung, Träume und Phantasien,
die nicht greifbar sind,
aber sehr wohl in solchen Momenten,
wo ich nackt und bloß,
vertrauensvoll und doch zitternd,
vor Deinem Blick Achtung finde
und Du mir Deine schützenden, wärmenden Hände entgegenstreckst,
um mich zu umfangen, zu halten, zu tragen
und einfach nur ankommen zu lassen,
wundersam beschützt.

KIRSCHBLÜTENTRÄUME

Kirschblütenträume,
worin ich Dir Platz einräume
als willigem Akteur,
an einem Abend, wo ich nur Dir gehör.

Ich mag Dir Dein Begehren sein
und mein Duft hüllt Dich sinnlich ein –
mehr Lust Dir noch zu machen.
Ich möchte Dich entfachen,
so wie Du mich packst!

Ich will, dass Du willst und wagst,
mich anders als jede Andere zu verführen!
Ich will es wissen und erspüren,
wie sehr Du mich begehrst!

So, wie Du Dich verzehrst,
zu lange schon in Warten,
bin ich Dir nun Kirschblütengarten,
der Dir Einlass schenkt und Reife!

Und indem ich mit Dir hindurch schweife
durch unser wildes Abenteuer,
wirst Du mir ganz ungeheuer
im Zeigen, was ich schon lange will!

Noch harre ich still,
doch einmal kenne ich kein Halten,
will Wachs sein zu Deinem Gestalten –
und Deiner Begierde Objekt,
das erhitzt sich Dir entgegenstreckt…

Wenn sich meine Seele entblättert

Wenn sich meine Seele entblättert,
sich auftut vor Deinem Blick,
liegt sie offen vor Dir,
vertraut sich Dir völlig an
bei aller Gefahr von Verletzung.

Sie erweist Dir Ehrerbietung,
denn sie häutet sich nicht vor Jedermann.
Sie beweist Dir ihre Liebe,
ist durchscheinend und licht wie aus Glas.

Du könntest sie mit einem barschen Wort zerspringen lassen,
mit einer harten Geste sich für immer verschließen lassen,
ihr letztes mögliches Vertrauen nehmen,
sich jemals wieder zu öffnen,
sich wieder zu entblättern…

Wenn sich meine Seele Dir öffnet und zeigt,
ist dies reinste Form von Liebe!
Darum behandele sie mit der Liebe,
mit der sie sich Dir zeigt und darbietet!

Jede zugefügte Verwundung
gibt tiefreichende Narben,
deren Schmerzen auf ewig reißen.

Solche zugefügten Schmerzen haben immer ein Echo.
Niemand fügt jemand Anderem solche Seelenwunden zu,
ohne dass er davon nicht selbst betroffen ist,
auch wenn er dies nicht für möglich hält oder gar verleugnet.

Es stellt den Schädiger auf niedrigste Stufe seines Erdenseins,
während eine liebesleichte Seele
solche Stufen längst überfliegt und reicher hervor geht…

Und diesen Tanz schenk ich Dir

Und diesen Tanz schenk ich Dir,
Deinen Händen,
aber mehr noch dem Gefühl,
nicht allein den Takt zu bestimmen...

Ich wiege mich in Deinem Schritt
und dem Moment dieses Gefühls,
einzig zu zweit
unter unzähligen Paaren zu sein.

Dieser Moment
gehört uns und dem Wir,
das sich Zeit ausschenkt
wie roten Wein...

Diesen Tanz erlebe ich bewusst
und doch wie im Traum,
denn der Vorhang ist zu leicht gewebt,
zwischen Realität und Traum,
als dass es Sinn machen könnte,
ja sollte,
diesen Moment in Worte zu fassen,
der die Stille genießt...

Ich lausche dem Gefühl nach,
das Du machst und das ich mache.
Dies ist unser Kleinod des Glücks,
das nicht begriffen werden will,
sondern geliebt und gelebt,
so wie nichts zuvor,
nicht festgehalten sein mag
und doch den Kreis wunderbar schließt...

Nur Du und ich

Nur Du schaust mich so an,
blickst so tief
und erkennst in mir weitaus mehr,
als in meinem Gesicht zu finden ist,
wenn es Dich liebevoll anstrahlt.
Du siehst auch die grauen Schatten,
die auf meinem Gemüt liegen
wie Gewitterwolken im Sonnenlicht
und schiebst sie mehr um mehr auf Seite,
zärtlich und sacht.

Nur Du schenkst mir Liebe
mit so vollen Händen
und reich gebendem Herzen,
ohne je zu hinterfragen,
ob ich Dir dies überhaupt aufwiege.

Ich schenke Dir aber alles zurück,
was ich an Liebe in mir habe
und verliere dabei nichts.
Im Gegenteil
war ich nie reicher als durch dieses Uns.

Nur Du vermagst es,
mich mit Blicken zu streicheln,
mich mit Deinem Lächeln zu erwärmen,
mit Deiner Sanftmut zuzudecken,
mit Deiner Verrücktheit anzustecken,
mit Deinem Humor zum Lachen zu bringen
und mit Deinen ernsten Worten heraus zu fordern.

Du schaffst es, mich mit Lob zu pushen
und mit Kritik vorsichtig aufzufangen,
wenn ich zu übermütig bin.

Du schenkst mir weitere Kraft,
immer wieder aufzustehen,
wenn ich am Boden liege
und Du bist mein Fels in der Brandung,
wenn ringsum alles scheinbar untergeht.

Stehe ich allein im Wind,
reichst Du mir meine Flügel.
Und stürze ich zu Boden,
fängst Du mich auf.
Du findest stets das rechte Maß,
mich zu umwerben
und doch mich selbst sein zu lassen.

Nur Du stehst so für Dich alleine da und ein
und versteckst Dich nicht,
wenn ich manches hinterfrage
und scheust keine offensiven Antworten,
auch wenn sie mir nicht gleich gefallen.

Du verbiegst Dich nicht, auch nicht für mich
und ich erkenne den Eigenwert Deines Wesens,
wie das Schiff in der Brandung,
das vielleicht auch einmal stranden,
aber niemals Schiffbruch erleiden wird.
Das Maß unseres Liebens ist freigeistig
und nichtsdestotrotz beschützend.

Du bietest mir eine Schulter zum Anlehnen,
auch zum Ausheulen
und lässt mir manche gerechte Wut,
bis ich mich ausgetobt habe.
Bin ich dann erschöpft
und schier zu Asche heruntergebrannt,
erhebst Du mich zum Phönix.

Ich bin die Tänzerin im Feuersturm sooft
und Du trägst mein Feuer
in einem Kelch über das kühle Wasser.

Nur Du kühlst mein Temperament herunter,
aber nie zu weit.
Wo Dein Wasser mein Feuer sanft eindämmt
steigt Wasserdampf auf,
umzischt uns beide mit kochender Gischt,
was uns dann befreit auflachen lässt.

Friedvoller Krieger Du,
ungeduldige Amazone ich,
werden wir es nicht müde,
aneinander Gefallen zu finden.

Nur Du und ich
sind als Paar so ungewöhnlich Wir!
Nichts daneben und nichts im Vergleich
lässt mein Herz höherschlagen und
mag Deinem Herzen spiegeln,
was ich für Dich empfinde.

Ich fühle den Rhythmus Deines Herzens
an dem meinen
und lausche Deinem rauen Flüstern
an meinem Ohr,
was ich Dir bin.

Liebe ist uns weder ein Suchen,
noch eine vorstellbar neue Möglichkeit gewesen
und doch fanden wir uns ohne zu suchen,
näher und dichter als Vorheriges!

Deine Seele schmiegt sich meiner an
und kein Puzzle
könnte ein klareres Bild davon abgeben,
wie fast selbstverständlich
und dennoch völlig wunderbar
wir zusammengehören,
garantiert nicht das erste und das letzte Mal
in unserer Seelenliebe...

Ich schenke Dir meine Hälfte des Rings
und füge mich Deiner Hälfte so passend an.
Nichts erscheint mir schwer oder unmöglich
und ich weiß, dass dieser Ring Bestand haben wird.

Er brilliert im Licht und in unserer gegenseitigen Liebe,
funkelt bis weit hinaus,
für Alle erkennbar,
aber weitaus schöner ist,
dass aus dem Wort „Nebel"
das richtig herum gelesene Wort „Leben" wieder wird!

Ich freu mich auf dieses Leben mit Dir
und mag mit Dir neu leben, lieben und lachen,
still und laut glücklich sein,
bis dahin, wo Zeiten Liebe nicht enden lassen
und Zeiten Rindenworte schreiben,
bis unter Schichten jeder Ewigkeit!

Danke für Deine Liebe, Dein so heiles Wesen,
Dein starkes Herz, Deine Seelentiefe!
Ich liebe Dich unvergleichlich, tief und echt
und nehme mir Deine Liebe zum Geschenk immerdar!

DU

Du gehst mir bis in Schichten tief unter die Haut,
erwärmst meine Seele mit Deiner ureigenen Art,
mir nahe und näher kommen zu dürfen,
als manch einer es je schaffte.

Mein Herz klopft im Rhythmus Deiner Stimme,
beruhigt sich in Schweigen,
war es vorher unstimmig mit sich und der Welt.

Mein Körper kann sich Dir nicht entziehen,
ohne immer wieder gespeicherte Lust
neu abzurufen und sich danach zu sehnen,
mehr noch davon zu erfahren.

Streicheleinheiten, die Du mir schenktest,
glühende Leidenschaft im Wechselspiel,
sind zu geschriebenem Gefühl von Vertrautheit verwachsen –
und einer Sehnsucht, die süchtig macht,
Dir nahe zu sein, näher noch zu kommen,
Dich noch näher kommen zu lassen.

Wie es die Wellen zum Strand hin zieht –
und das Meer sie zurückfordert,
sehne ich mich nach Deiner Brandung,
sie möglichst genussvoll aufzufangen
wie die Bucht, die ihre Arme weit geöffnet hält.

Ziehst Du Dich zurück,
nimmst Du meine Liebe mit
wie Muschelperlen, die ihren Glanz nie verlieren.

Sinnlichkeit streckt ihre Fühler aus

Sinnlichkeit
streckt ihre Fühler aus,
beugt sich dem Moment
zeitloser Gelassenheit und
lockender Verführung,
Honigduft einer Blüte.

Luststillung prickelt schon
auf der Zunge,
wildem Verlangen
wird Raum geschenkt,
sich zu erfahren
und Siegel werden gebrochen,
die zu Sehnsuchts-Stillung führen…

Lustlodernd
greift eine Glut um sich,
die mit züngelndem Tun
doch nicht zu Asche verbrennt,
sich Land erobert,
welches nur mehr ihr gehört.

Worte werden unter die Haut geschrieben,
ohne eine Übersetzung zu brauchen.
Lesen sich mit jedem Lustschmerz,
erzittern unter dem gespannten Bogen
zu Violinengesang und -spiel.
Atemlos Ruhe finden,
um neu Atem zu schöpfen
im Verschmelzen zweier Körper.

Ein Gefühl so geballt zu erfahren,
Sehnsucht findet Erfüllung
und wird dennoch zur Sucht,

bis Sinnlichkeit
wieder ihre Fühler streckt,
dahin,
wo die letzte Süße,
so unnachahmlich schmeckte.

****

Abschied zum Aufwiedersehen

****

Du bist der Tau auf meinen Blättern

Du bist der Tau auf meinen Blättern,
nach Regen der warme Sonnenschein
und vermagst mich zu umschließen
fest bei Frost und rauem Wind,
wie von tausend Eissternen geküsst.

Der Zenit meiner Schönheit Blüte
steht hoch im Abendlicht.
Du weißt darum und huldigst mir
mit groß staunenden Augen,
damit Dir kein Detail verloren gehen mag,
so kurz vorm langen Wintergrau.

Ich liebe Dich für Deinen Blick
und die Zartheit Deiner Berührungen,
mit Fingerspitzen voller Erfahrung
um den Schmerz von möglicher Verletzung.

Du würdest mich niemals pflücken
und in eine Vase stellen,
denn Du kennst meinen wahren Wert
und weißt um mein beständiges Bemühen,
Dir bedingungslose Freude zu schenken.

Mein Enden wird nur wie ein tiefes Sinken sein
in reich erfüllten Schlaf.

Erwachen ist mein Ziel,
an dem wunderbaren Tag,
wo Frühling
unsere Herzen neu erfüllt…

Dir so nah auf immer
(meiner Seelenfreundin)

Du
bist
mir nah,
obgleich uns laute Wege trennen.
Wir haben uns die leisen Pfade entdeckt,
in ewigem Kontakt zu schwelgen.
Wir hören uns mit dem Herzen,
spüren uns in Schwingungen
und lesen uns mit reinem Gefühl,
sind uns ehrlich dicht.

Manchmal scheinen meine Füße
Flügel zu besitzen,
die in diesem ungebändigten Flügelschlag
abzudriften scheinen von Dir
und Du suchst nach ganz leisen Tönen,
weg von dieser rauen Welt,
die unsinnig schreit und schafft.

Dann bin ich hier
und Du bist dort,
doch kein luftleerer Raum
trennt uns wirklich
noch überhaupt je
voneinander ab.

Lebensringe trägt jedes Jahr
neu Dein,
mein Baum
und wir werden reicher
an geschenktem Leben
in solchen Momenten,
die sanft mit uns umgehen

oder uns gütig prüfen.
Wir suchen endlich das Licht,
um Schatten hinter uns fallen zu lassen!

Wir reifen an den Tagen
voller Licht, Wärme, Spannung
und Inspirationen
und schenken uns so gern gegenseitig davon.
Illusionen,
die Farben tragen,
tragen auch uns zur Gewissheit,
dass kein Glaube wirklicher ist
als nur der im Herzen tief gefühlte.

Unsere Herzen erfassen,
dass wir längst so reife Früchte tragen,
auch ohne uns aneinander zu messen.
Wir erfreuen uns am Du und Wir!
Wir gönnen uns unser einzelnes Reifen
und erfahren doch dieses Wir weiter und weiter!

Du bist die Menschenseele,
der ich nah und näher stehe,
als irgendeinem sonst
in dieser besonderen Art und Weise!
Wir finden uns stets wieder
am selben Ort dieses Verstehens
und Zeit und Raum sind einerlei dabei!

Weil Dein Herzensruf mich erreichte,
kam ich damals auf Dich zu.
Weil mein Herzensruf Dich erreichte,
kamst Du auf mich zu.

Und in dieser Mitte treffen wir uns bis heute,
ohne dass andere diese Pfade finden können.
Du bist mir nah und ich bin Dir nah
auf diesem Weg dieser so einzigartigen Freundschaft.

Abschied

In einem Abschied liegt oft so viel Trauer.
Versuch die Gründe zu erkennen,
die demjenigen zur Freude dienen,
die den Abschied wertvoll für ihn machen!

Herzen, die füreinander schlagen, lassen sich niemals trennen,
selbst im Abschied nicht.
Liebende Herzen sind untrennbar miteinander verwoben
bis in alle Zeiten, sogar über den Tod hinaus.

Wenn sich Seelen einmal zugeflogen sind, sich gefunden haben,
dann begleiten sie sich durch den Kreislauf der Wiedergeburten.
Abschied ist in Wirklichkeit nur ein: „Bis bald!" sagen!
„Wir sehen uns wieder! Bis dahin…!"

Abschied im Leben sollte Dich nicht erschüttern,
denn es ist nur ein Abschied für kurze Zeiten des Erdenlebens.
Abschied ist der Übergang zu neuen Möglichkeiten
des Wiederfindens.

Unsterbliche Erinnerungen

Erinnerungen,
unsterbliche Seelenfreuden,
im Herzen eingenistet
wie in einem Kokon der Liebe,
immer wieder hervor zu holen
und zu betrachten, zu streicheln
und sich daran zu erfreuen.

Erinnerungen,
so lebendig und beständig
durch alle stürmischen Zeiten,
Ruhepol und Trostquelle,
wenn das Leben scheinbar stagniert
im Augenblick.

Erinnerungen,
ein stiller Ort der Freude,
zu dem man sich gedankenleicht zurückziehen
und auftanken kann,
zurückfinden in die Gegenwart,
gestärkt, erfrischt und voll neuem Mut.

Süßer Schmerz und stille Freude von Erinnerung
sind immer wieder reaktivierbar,
denn alles einmal gekostet, was wunderbar war,
berauscht selbst in der bloßen Erinnerung
wieder die Sinne...

Alles ist Veränderung

Alles ist Veränderung. Nichts bleibt.
Dein Lebensroman, er schreibt
stets aus dem Augenblick hinzu,
findet erst am Abend Ruh,
mit einer letzten, müden Zeile
für einen Tag zur Nachtruh und Weile.

Der nächste Tag schreibt sein neues Stück,
mal von Leid und mal von Glück.
So verändert sich der Roman auf unbestimmt,
und wenn Du meinst, dass er ein Ende nimmt,
irrst Du gar sehr.
Ein neues Leben schreibt viel mehr...

Nach dem Tode geht es weiter.
Darum bleibe unverzagt und heiter
möglichst im Lebensgeschehen!
In Deiner Seele, im Vergehen,
bleibt ein unvollendeter Roman zurück,
von weiterführendem Geschick.

Schreibt in frischer Hülle einmal weiter,
und Du steigst auf der Lebensleiter,
bis Dein Werk einmal vollendet ist.

Vanitas – Vergänglichkeit
Ablauf einer Zeiteinheit

Vergänglichkeit macht sich weit,
entschwindet aus der Räumlichkeit.
Ist frei und freier – ungebunden,
kann nun fliegen unumwunden.
Leben ist nicht körperlich,
sondern eher sicherlich
dem Körper wohl einst zugeteilt,
doch die Seele lebt und bleibt.

Mit jedem Vergehen
entsteht im Geschehen
schon der Freiheit Glück.
Seele kehrt heim und zurück.
Fliegt in freiem Drängen
ohne Körperzwängen
so schwerelos leicht,
so weit der Himmel reicht.

Zuhause im All-Eins nun wieder
tragen sie die alten Lieder
hinweg und hinfort
zu einem uralten Ort
der absoluten Seligkeit
aller nun vorhandenen Zeit.

Bis ein neuer Körper entsteht,
der sich nach dieser Seele so sehr sehnt…

Das Leuchten der Stille

Das Leuchten der Stille,
zärtlich abgelegter Wille,
Traumes Dunkeln,
durchwebt von Funkeln –
so stelle ich mir Frieden vor.

Kein Dahinter, kein Davor,
sondern ein Inmitten
von unhörbaren Engelsschritten,
die mich tragen und erheben,
mein Sein endlich zu erleben,
schwerelos und flügelleicht,
soweit dies Traumgeschenk mir reicht...

Wenn ein geliebtes Herz

Wenn ein Herz zur Ruhe geht,
erstirbt der Menschen Welt.
Eine Seele uns verweht,
auf dass sie nichts mehr hält,

findet sie nun andren Klang,
findet ihren Sehnsuchtsort!
Seele innigster Drang
ist zu Ankunft hinfort.

Hin zu wahrem Heimathafen,
ist der Seele liebender Sinn.
Ein Erwachen aus Schlafen,
schaut sie zu unseren Tränen hin.

Selbst hellwach vor fliegendem Glück,
möchte sie uns trösten vom Leid.
So wirft sie zarte Küsse zurück,
Enden nur einer einzigen Lebenszeit.

Wenn ein Herz erstirbt, uns schweigt,
ein viel Geliebtes uns verlässt,
sich dem Jenseits zuneigt,
dann ist es für uns ein Trauerfest.

Uns scheint Liebe nun verloren,
auf ewig vermissend,
doch Seele, ganz neu geboren,
ist längst tiefer wieder wissend.

Sie kleidet sich in neue Gewänder,
wird liebevoll empfangen,
war nie je leichter, behänder,
zu Frieden und Freude im Erlangen.

Prächtig, frisch geschmückt
in den Seelenräumen,
tanzt sie leicht und entrückt,
einem Weiterleben entgegen zu träumen...

Den letzten Tanz

Den letzten Tanz tanzen wir alle allein.
Keiner wird unser Führer sein.
Den letzten Tanz zu wagen,
ist kaum mutig zu ertragen.

Letzter Tanz führt uns hinter den Vorhang
von undurchsichtigem Gewebe so bang.
So ängstlich macht es uns im Tanz hinüber.

Der letzte Tanz, er wär uns leichter und lieber,
wüssten wir um seinen Zaubersaal –
und all die Tänzer allemal,
die uns empfangen auf der andren Seite.
Ein Tanzsaal von unerkannter Weite…

Jeder Tänzer im eigenen Schritt,
nimmt seine geliebte Erinnerung mit –
und lässt seiner Seele Raum und Gestalt,
während tanzend jedes Gewand bauscht und wallt,
bis es seine Form verändert, verwebt –
und liebend leicht dann ein altes Leben verebbt…

Abschied vom Liebsten

Abschied
von einem geliebten Wesen –
nichts ist je schwerer gewesen.
Alleine bleibt man zurück.
Vorbei scheint alles Glück
und nichts als endlose Leere,
bleierne Schwere
und tiefschwarze Trauer…

Doch erinnere Dich still und genauer!
Erinnerungen wie Sterne
an dunklem Firmament in Ferne
funkeln und leuchten Dir weiter.
Erinnerungen als Wegbegleiter –
Dir zu Seiten,
die Dir liebend einen Weg bereiten
zwischen Dort und Hier.

Der lichte Vorhang trennt Todesgespür
in zwei beieinander liegende Welten.
Lässt Du beide willig gelten,
ist der Übergang um vieles leichter.
Der Jenseitsort, bis zu Deinem Herzen reicht er.

Irgendwann schlüpfst auch Du hinüber,
findest Deine Lieben wieder
und tanzt glückselig mit ihnen,
hell von göttlichem Licht beschienen…

In Erinnerung an Dich

Den Abschied hatte ich nicht geplant.
Er hat sich grausam Weg gebahnt –
und entriss Dich mir.
Welch untröstlicher Schmerz dafür!
Hinterlässt eine klaffende Schneise,
passierte nicht einmal laut, sondern leise,
brach mir mein Herz in Stücke,
und Du als fehlende Lücke,
die nie mehr verheilt…

Bist hinfort- und vorgeeilt
und ich stehe hier ohne fühlbaren Sinn.
Alles was ich war und bin, zog mit Dir dahin –
und eine leere Hülle bleibt trauernd zurück.
Ohne Dich kein Glück…

Doch Lichtmomente vergehen nicht,
Du mein so ach geliebtes Licht,
sie werden von mir liebend gespeichert.
Sie sind das, was mir den Fortgang bereichert,
bis wir uns dann wiedersehen,
im Kreislauf von wunderbarem Geschehen.

Narben

Narben
auf die Seele gestanzt
bis tief unter die Haut.
Doch es wird bis zuletzt getanzt
für den, der mich schaut.

Schrei nach Lust und Launen,
kein Schnurren und Raunen,
sondern ungehemmt wild.
Was zärtlich und leise stillt,
ist zertreten zu Staub.

Seelemorden und -raub,
was blieb mir zurück
an altem Leben und Glück?
Ich halte nichts als Scherben.

Selbstgewähltes Verderben
ist die Schuld, die mir bleibt,
mir Salz in die Wunden reibt,
immer noch erinnert, schmerzlich.

Rosen blühten einmal herzlich.
Blutrot tränken sie nun mein Gewissen.
Jahresringe zählen zu müssen,
die wie Spott und Hohn
mir zu endlichem Lohn
lächerlich fast erscheinen.

Doch es gibt kein Heulen und Weinen,
das bereinigt noch nützt.
Gibt keinen Pfad auf Anfang,
nur mehr einen Fortgang.

Bis zum Ende hin, dem bittersüßen,
weiter Fehler zu verbüßen.

Und wenn ich über Dornen tanze,
mir durch Dickicht Wege stanze,
Unausweichlichem ins Auge sehe,
ist es mein Weg, den ich weiter
tanzend gehe...

Von der Traurigkeit

Über die Traurigkeit, was gibt es da zu sagen?
Leben nicht bloß Freude, sondern auch Klagen.
Leben nicht bloß Sonnenschein,
mancher Schatten fängt ihn ein.
Schatten hält Licht dann gefangen,
wir trauern, klagen und bangen
um unser scheints verwehtes Glück.

Doch einzelner Sonnenstrahl holt oft uns zurück
das liebe Hoffnungslicht,
was der Trauer die Fassung bricht,
weiter schreckend zu überragen.

Wollen eines Tages wieder leise Freude wagen.
Manche Tränen gehören geweint,
weil Sonne oft Dunkel vereint.
Ohne Schatten würden wir Sonne kaum achten,
ohne Sonne würden wir das Dunkel nicht betrachten.
Alles hat seinen Sinn und Zweck!
Alles führt uns auf unserem Weg!

Wir gehen und verwehen

Wir gehen fort und dahin,
doch unser Wert und Sinn,
er bleibt geborgen
für einen neuen Morgen
in der Schöpfung reichem Segen.

Im Kreislauf von vielen Wegen
wird unsere geliebte Seele,
worauf ich gläubig zähle,
nur von Wachstum belebt,
wie jeder Frühling sich erhebt
über Kargheit und Tod.

In unserer trauernden Not
weinen wir bittere Tränen.
Doch wenn wir wissend wähnen,
dass unsere Seelen bloß fliegen,
um die Ewigkeit zu besiegen,
wären wir getröstet in Frieden!

Ist nur kurzes Verabschieden,
Anfang und Untergang
währen eben so lang,
bis die Seele neu gekleidet ist,
so dass auch Du getröstet bist!

Wie ein Blatt im Wind

Wie ein Blatt im Wind
fliegt es sich leicht und geschwind,
lassen wir einmal dann los
und wähnen nicht lediglich bloß
hier unser einziges Sein.

Die Welt ist nicht so unwesentlich klein,
dass uns der Flug nur hier geschenkt,
unser Dasein bloß so winzig lenkt.
Erst zum Ende hin fliegen die Blätter frei,
jeder Schwerkraft so einerlei.

Erst zum Ende so bunt und so schön,
dürfen die Blätter frei verwehen.
Getragen vom Wind und dann glücklich leicht,
so weit, wie der Himmel reicht,
fallen sie dann zu Boden ganz sacht,
bis eine Schöpfung neu wieder lacht.

Flugbereit

Schon im Flug, erst noch baumelnd,
doch dann loslassend leicht taumelnd,
erhebt sich immer leichter, schwerelos,
jede Seele einmal rein und bloß
zu Horizonten ins Licht,
aus denen liebende Göttlichkeit spricht.

Umfängt mit weiten Armen ganz zart
uns tröstend und offenbart
uns ein altbekanntes Zuhause.
Seele findet Ankommen und Ruhepause,
bis sie, einmal in frische Gewänder gehüllt,
ihre Sehnsucht nach Leben neu geboren stillt.

Windgeboren

Windzerzaust und windvertrieben,
nicht länger in Halt verblieben
und in die Welt versendet,
damit ein Jedes Leben spendet…

Mit dem Wind im Wagen
hinfort und hinweg getragen,
Horizont offen geweitet
und von erquickenden Böen begleitet…

Erst verwoben,
dann schwereleicht nun abgehoben
und in freien Flügen schwebend,
hoch und höher strebend…

Alles Schwere hinter sich lassend,
im Flug neu erfassend,
um Ziele gottgelenkt zu finden,
die Ankommen und Heimat einbinden…

Sich dann zärtlich abzusetzen
und mit Erdverbundenheit vernetzen,
auf ein baldiges Wiedersehen
in wunderbarem Wachsen und Geschehen…

Seelen wandeln sich

Unsere Verstorbenen sind nicht tot,
sie wechseln nur ihr Reich und Gewand.
Die trauernde Verzweiflung und Not
sind der Gewissheit abgewandt,
dass sie nun freier schweben
zu einem selbstgewählten, neuen Leben.
Lassen wir sie also friedlich ziehen,
diesem überlebten Sein entfliehen
und wünschen ihnen Wiederkehr,
reicher, schöner, weiter und viel mehr.

Ich weiß

Ich weiß,
ich werde
diese Erde einmal verlassen
und nur einen Fußtritt
an Spur hinterlassen,
wo viele Füße ihre Spuren
zurückließen.

Ich weiß,
ich werde
nur ein Gedanke
von vielen bleiben
für eine abgezählte Zeit
des Erinnerns meiner.

Ich weiß,
ich werde
vergehen wie der Wind,
der ein kurzes Lied nur anspielt
in Moll und Dur,
wie Rauschen in den Blättern.

Ich weiß,
ich trieb selten oben
beim Lebenswellenritt.
Doch wenn,
genoss ich es in vollen Zügen,
mir des Tanzens auf der Gischt bewusst.

Ich weiß,
ich werde gehen irgendwann,
eingehen
in den Kreislauf,
aber nichts bereuen,
was ich versuchte,
doch vielleicht sinnlos erschien.

Ich weiß,
dass ich nichts weiß
und eben das schenkt mir den Raum
des Glaubens, Hoffens und Verzeihens,
nicht umsonst gelebt zu haben
trotz meiner Fehler und Fehlversuche.

Ich weiß,
Fußstapfen hinterlassen zu haben,
die die Flut irgendwann mitreißt.
Es zerstört mir nicht das Urvertrauen darin,
dass manches in der Auflösung
wohl seinen wahren Sinn erfährt…

SEELENLEBEN

Seelen leben,
Seelen weben
sich durch Zeit und Raum.

Seelen leben,
Seelen schweben
zwischen Hier und Traum.

Seelen leben,
Seelen beben
leise hörbar kaum.

Seelen leben,
Seelen streben
zu dem einen Sinn.

Seelen schweben,
Seelen leben
vom Ende hin zum Anbeginn.

Das Gesicht der Nacht

Wenn die Nacht dem Tag
ein sanftes Gesicht verleiht,
dann oft erst vermag
Seele Ruhe zu finden - willig bereit.

Die Nacht in ihren leisen Tönen,
hüllt so sanft und zärtlich ein.
Wunderbar ist dann Aussöhnen,
lässt Kummer erträglich sein.

Geliebte Nacht umfängt zart und weise,
weiß um alles Tagesscheitern.
Doch im Herzschlag, müde und leise,
kann neu Hoffnung sich erweitern.

Ich liebe gerade die Nächte so,
sie sind so mild und mein.
Todes kleiner Bruder denkt ebenso –
und schenkt mir wieder ein.

Traumwein und Sternenglanz
schmecke ich auf Lippen und Lider.
Wandel in gesegnetem Tanz
zum Reich der Zauber hinüber.

Nur das Gesicht der Nacht
ist so trostreich verhangen.
Erst wenn der Morgen erwacht,
gilt es, neu Mut zu erlangen.

So deck ich mich zu mit Sternenlicht
und atme weg den Kummer.
Nur das liebende Nachtgesicht
wiegt mich so in Schlummer...

Du bist nicht allein

Du bist nicht allein,
nicht einsam im Gehen.
Ein Engel wird es sein,
der Dich trägt durchs Geschehen
zum Punkt allen Seins und Werden.
Fürchte Dich nicht!

Du darfst reisen ohne Beschwerden,
schaust in göttliches Licht!
Zuteil wird Dir zärtlich Trost!
Du wirst gekleidet und gehüllt
ganz neu und lässt Altes endlich los!

Warten wird Dir froh gestillt,
schaust in nie vergesse Gesichter!
Seelen, die da lange warten,
als strahlend schöne Lichter,
empfangen Dich im Himmelsgarten.

Und einsam, einsam bist Du nicht!
Fröhlicher Tanz im Reigen,
Du inmitten von gebündeltem Licht,
darfst nun Dich im All-Eins verneigen…

Tanzt so leicht und frei von Gewicht,
strahlst in ungefilterten Farben,
bist in göttlichem Angesicht,
geheilt von Wunden und Narben,
glückselig dort daheim und zuhause,
wo alles beginnt und endet
nach Erdenleben und Pause,
dort wo sich alles
zu Ankommen hin wendet…

Heiterkeit

Heiterkeit
zu all den Dingen,
die von Licht und Liebe singen
und nicht so genau zählen,
mit Warten sich zu quälen,
sondern in eigenem Zeitgefühl,
fast wie im Spiel
Momente sich zu gönnen,
die alles können
und wie in Wundern verklärt,
reich beschert,
irgendwann
im Alter dann
uns mild lächeln lassen
beim Sternenfassen
von Erinnerung.

Alles bleibt jung,
blicken wir zurück
zu vergangenem Glück
und fühlen wie damals noch,
als wir es spürten doch,
dass Zeit stehen blieb,
in unsere Herzen schrieb
und solange weiter unendlich ist,
wie in Spuren unser Leben misst...

Spuren zu hinterlassen,
die viele Herzen erfassen
wie zu einem Gedicht,
nicht von Verzicht,
sondern von Lebensgefühl,
lädt ein zum Spiel,
dort weiter zu machen,

wo endet auch ein Lachen
hin zu seliger Stille.

Es bleibt alle Fülle.
Fadenende liegt nur da
ganz wunderbar,
leicht aufzuheben,
weiter daran zu weben,
wo alles hin zum Kreis
ums Enden niemals weiß,
sondern von Enden hin zu Neubeginn,
göttlichen Lebens Sinn...

****

Inhaltsverzeichnis

****

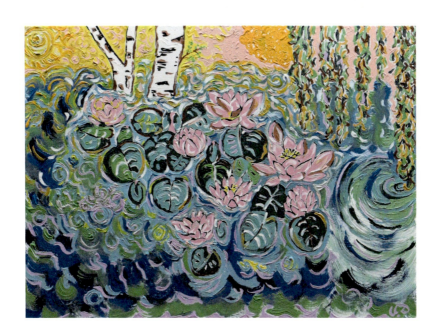

Inhaltsverzeichnis

Über das Schreiben   5

Wenn Worte tiefer schreiben   7
Manchmal ist Schreiben…   9
Gegengewichte/ Gegenpole   10

Wunder und Achtsamkeiten   13

Manchmal möchte ich mich in karger Echtheit sonnen   15
Ich habe noch bunte Träume II   16
Ein bunter Faden Zärtlichkeit   18
Unbemessen Zeit vergessen   19
Sonnenauf- und untergang   20
Mit dem Leben im Fluss   21
Wirklich   22
Dualität   23
Licht und Liebe dieser Welt   24
Jeder einzelne Tropfen speist den Ozean   25
Eisige Zeiten   26
Manche Träume überwinden Grenzen   27
Leben ist kein Zuckerschlecken   28
Wie zünde ich ein Licht?   29
An Mutter Erde   31
Eine hübschere Seele zum Alter hin   33
Manchmal möchte ich noch einmal   34
Fäden   36
Willst Du Sterne fangen   38
Seifenblasenglück   39

Der Rose Dornen	40
Liebst Du die Rosen	41
Rosenblüten-Melancholie	42
Die letzte Rose	43
Herzen in der Nacht	44
Zerbrich niemals Herzen	45
Ich sah ein Wunder	46
Seidenspinnerei	47
Wie Blätter im Wind	48
Ballerina	49
Das Leben ist ein Spitzentanz	51
Drahtseilakt	52
Frühjahrsputz	54
Leben erfordert Mut	55
Glück ist	56
Empty	58
Die Stärke einer Frau	59
Hoffnung	60
Momente wie Glück	61
Der Liebe Violinen - Spiel	62
Ich kleide meine Seele	63
Ich glaube	64
Authentizität ist mehr als nur ein Wort	**67**
Die starke Frau	69
Hingabe fängt beim Herzen an	73
Authentisch	74
Meine Welt ertrank in Stille	75
Meines Wesens Dunkelstunden	76
Inmitten	77

Mahnmal	78
Worte	79
Das Banner	80
Alles was Du hast	81
Traumwandlerisch	83
Lebe einfach richtig!	84
Das weiche Wasser bricht den Stein	86
Nicht mit Tinte	87
Entrückt-verrückt-beglückt	88
Frech, wild, verrückt- wunderbar	89
Wenn Jesus übers Wasser lief	90
Lache	91
Schon mal einen Baum umarmt!?	92
Es ist normal, anders zu sein, Leben schließt Vielfalt mit ein	93
Das Staunen	94
Grundloses Glück	96
Jemandes Held zu sein	97
Behütet	99
In Deinen oder meinen Augen	100
Menschen mit Schwierigkeiten	101
Mein Regenbogenlichterkind	103
Nur als Kind	104
Nur Bunt	105
Rahmen sprengen	106
Born	107
Schlummergedicht für Frieda	108
Tritt	109
Wertmäßigkeiten	110
Gib einem Kind...	111

Glücksmomente	**115**
Wie Sonne und Mond	117
Mein Herzschlag von Gestern	120
Und plötzlich startet ein Neubeginn	121
Deine Liebe spiegelt sich	123
Sie	125
Unsäglicher Wille	128
Glückselige Augenblicke	129
Still bei mir	130
Der Traum einer Rose	131
Schmetterlinge	132
Schmetterlingsflügel so leise	133
Traumtänzerin	134
Yeah! Guten Morgen!	135
Wenn Zwei sich begegnen	136
Sinnlichkeit des Glücks	**139**
Sinnlich fließende Zeilen	141
Ich erkenne Dich	142
Ich lieb Dich mehr	144
Den Hauch von Ewigkeit mit Dir erspüren	146
Liebe ist…	148
Du streichelst meine Seele	149
Dein Gesicht ist mein Himmelreich	151
Ich mag Dein Rosengarten sein	153
Du bist mir Segen oder Untergang	155
Du streust mir Rosen in mein Gemüt	157
Sommerregen	158
Du bist meine Sonne	160

In Deinen Augen	161
Im Zeitlosgespür	163
Catch me, if I fall	166
Duft und Dornen	167
Nackt in Deinem Blick	170
Kirschblütenträume	172
Wenn sich meine Seele entblättert	173
Und diesen Tanz schenk ich Dir	174
Nur Du und ich	175
Du	179
Sinnlichkeit streckt ihre Fühler aus	180
Abschied zum Aufwiedersehen	**183**
Du bist der Tau auf meinen Blättern	185
Dir so nah auf immer	186
Abschied	189
Unsterbliche Erinnerungen	190
Alles ist Veränderung	191
Vanitas – Vergänglichkeit	192
Ablauf einer Zeiteinheit	
Das Leuchten der Stille	193
Wenn ein geliebtes Herz	194
Den letzten Tanz	196
Abschied vom Liebsten	197
In Erinnerung an Dich	198
Narben	199
Von der Traurigkeit	201
Wir gehen und verwehen	202
Wie ein Blatt im Wind	203
Flugbereit	204

Windgeboren	205
Seelen wandeln sich	206
Ich weiß	207
Seelenleben	209
Das Gesicht der Nacht	210
Du bist nicht alleine	211
Heiterkeit	212